초보자를 위한

# 텃밭 채소 기르기

초보자를 위한
# 텃밭 채소 기르기

초판인쇄  2016년 4월 25일
초판발행  2016년 4월 29일

**지은이**  홍규현·임재욱
**펴낸이**  고명진
**펴낸곳**  가람누리

**출판등록**  2011년 7월 29일 제312-2011-000040호
**주　소**  경기도 고양시 덕양구 통일구 140(동산동) 삼송테크노밸리 B동 329호
**전　화**  (02)396-9651
**팩　스**  (02)396-9653
**이메일**  garamnuri@daum.net
**홈페이지**  www.munyei.com

**ISBN**　978-89-97272-20-4 (13520)

ⓒ 홍규현·임재욱, 2016

※ 이 책의 내용을 저작권자의 허락 없이 복제, 복사, 인용,
　무단전재하는 행위는 법으로 금지되어 있습니다.
※ 잘못된 책은 바꾸어 드립니다.
※ 저자와의 협의에 의하여 인지는 생략합니다.
※ 이 도서의 국립중앙도서관 출판예정도서목록(CIP)은 서지정보유통지원시스템
　홈페이지(http://seoji.nl.go.kr)와 국가자료공동목록시스템(http://www.nl.go.kr/kolisnet)에서
　이용하실 수 있습니다.(CIP제어번호: CIP2016009862)

핸드북

초보자를 위한

# 텃밭 채소 기르기

홍규현 · 임재욱 공저

가람누리

**책머리에**

# 녹색 채소,
# 그 잃어버린 자연을 찾아서

  모든 것이 첨단 디지털화되어 하루가 다르게 변모하는 사회에서 살고 있습니다. 그러나 세상이 아무리 변하더라도 먹는 것만은 간소화할 수 없고, 오히려 소득이 늘어감에 따라 나타나는 영양 수급의 불균형으로 먹는 양과 질에 있어서의 조절이 필요한 실정입니다.

  예전에는 눈만 뜨면 우리 주위에 녹색의 자연 식물이 널려 있었지만 현대화된 요즘, 특히 도시에서는 하루 24시간을 통틀어도 싱그러운 녹색의 자연 식물을 찾기 힘듭니다. 이러한 문제를 해결하기 위해 최근의 건강 관련 서적이나 언론에서 집중 조명하고 있는 '참살이' 즉 웰빙(well-being) 개념에서 채소와 과일의 중요성은 한층 증가하고 있습니다.

  따라서 '녹색의 자연 자원인 채소를 내 손으로 길러서 먹는다'는 의미는 취미의 단계를 넘어 도시민들에게, 또 자라나는 아이들에게 잃어버린 자연을 되찾게 해주는 중요한 역할을 할 것입니다.

  식물이 씨앗부터 자라는 과정을 보면서 생명의 위대함을 느낄 수 있고, 모종이 커감에 따라 변모하는 과정과 그 수확물을 보며 자연의 에너지를 체험함은 물론 아이들은 열매가 맺기까지의 과정을 자연스럽게 학습할 수도 있을 것입니다.

 이 책은 토마토, 오이, 가지, 시금치, 쌈추 등 채소 작물 가운데 텃밭이나 집 안 베란다에서 직접 키울 수 있는 것을 위주로 설명하였습니다. 특히 각 채소들을 재배하는 방법과 성장 과정 등을 그림으로 쉽게 표현하고 자세히 설명하여 처음 재배하는 사람들이 쉽게 이해하도록 하였습니다. 또한, 경험이 있는 사람들도 지나치기 쉬운 내용을 주요 포인트로 나타내어 채소 수확의 길잡이가 될 수 있도록 하였습니다.

 최근에 특히 문제시되고 있는 환경 문제와 결부하여 농약과 비료에 대하여서도 자세히 설명하였으며, 천연 농약과 퇴비에 대하여서도 만들어 쓸 수 있는 것은 대부분 수록하고자 하였습니다. 무조건 농약과 화학비료를 전혀 쓰지 않는 것이 최선이라고는 여겨지지 않습니다.

 사람에게도 주사약이 나쁜 처방이기는 하지만, 쓰지 않으면 안 될 응급상황이 있듯이, 식물을 키우다가도 농약을 적시에, 적당량을 처방하여 쓴다면 오히려 더 튼튼하게 자라는 모습에서 뿌듯한 기분을 느낄 수 있을 것입니다.

 특히 화학비료의 경우에는 일반인들이 더욱 오해할 수 있는 소지가 많습니다. 채소와 같이 좁은 면적에 빽빽하게 심는 것들은 일반 토양에서는 질소, 인산, 칼륨의 '3대 비료' 성분이 부족할 수 있고 칼슘, 마그네슘 등도 부족하게 되는 경우가 흔합니다. 따라서 복합비료에는 이들 원소들이 함유되어 있습니다. 화학비료가 물에 녹아 식물에 흡수되는 것은 퇴비 성분이 흡수되는 것과 같은 형태로, 식물체 내에서는 차이가 없고 위해성(危害性)도 문제가 없습니다. 단지 이들의 차이는 토양에 남아 있을 때 지구 표면의 환경에 나쁜 영향을 주는 것입니다.

이러한 지식들을 충분히 얻고 나면 채소의 이파리 색깔만 보고도 영양 상태를 파악할 수 있을 것이며, 더욱 흥미를 가지고 집 안이나 텃밭에서 녹색의 자연을 가꿀수 있을 것입니다. 물론 식물은 품종이나 각 지역의 기상환경, 또는 토양의 조건에 따라서 다소 차이를 나타낼 수 있으나, 그러한 조건을 다 설명할 수 없다는 점에서 양해를 구합니다.

　'농작물은 농부의 발걸음 소리를 듣고 자란다'는 옛말의 의미를 새겨서 독자 여러분이 재배하는 채소의 보호자 겸 의사가 되신다면 자연도 되찾고 육체의 건강은 물론 마음까지도 한껏 맑아지리라 믿습니다.

대표 저자 홍규현

# 차 례

책머리에 … 4

**PART 1** **채소에 관하여 알아야 할 사항**
1. 채소와 건강 … 14
2. 채소의 일생 … 21

**PART 2** **채소를 가꾸기 위하여 꼭 필요한 것**
1. 흙(배양토) … 28
2. 물 … 39
3. 비료(영양분) … 43
4. 농약 … 49
5. 기타 환경 … 60

**PART 3** **기본적인 관리 요령**
1. 흙에서 키우기 … 68
2. 베란다 수경재배 … 73

**PART 4**

**작물별로**
잘 키우는
**방법**

**봄**

| | |
|---|---|
| 01. 토마토 | 82 |
| 02. 딸기 | 88 |
| 03. 호박 | 92 |
| 04. 감자 | 96 |
| 05. 콩 | 100 |
| 06. 파 | 104 |
| 07. 상추 | 106 |
| 08. 케일 | 109 |
| 09. 근대 | 110 |
| 10. 엔디브 | 112 |
| 11. 셀러리 | 114 |
| 12. 파슬리 | 116 |

# 여름

| | |
|---|---|
| 13. 고추 | 120 |
| 14. 오이 | 126 |
| 15. 참외 | 132 |
| 16. 당근 | 136 |
| 17. 가지 | 140 |
| 18. 수박 | 144 |
| 19. 옥수수 | 149 |
| 20. 순무 | 153 |
| 21. 고구마 | 158 |
| 22. 생강 | 162 |
| 23. 깻잎 | 166 |
| 24. 미나리 | 168 |

# 가을

| | |
|---|---|
| 25. 무 | 172 |
| 26. 배추 | 179 |
| 27. 시금치 | 183 |
| 28. 양배추 | 188 |
| 29. 쪽파 | 193 |
| 30. 부추 | 197 |
| 31. 쑥갓 | 199 |
| 32. 쌈추 | 201 |

part 1

# 채소에 관하여 알아야 할 사항

## 1 채소와 건강

### 1) 몸에 좋은 식품

세계적으로 익히 잘 알려진 〈타임 *TIME*〉지는 '몸에 좋은 식품' 10가지를 선정하여 발표했는데, 그중 4가지가 채소이다. 그 4가지 채소에 대하여 알아보자.

우선 토마토는 강력한 항암 효과가 있으며, 다른 과일에 비해서 칼로리가 낮아 다이어트를 하는 사람들도 안심하고 먹을 수 있는 채소이다. 토마토의 붉은 빛을 내는 라이코펜(lycopene)은 전립선암을 비롯한 각종 암 발생 위험을 현저히 줄이는 것으로 보고되어 있다. 일반적으로 녹황색 채소에 많이 들어 있어 항암 효과가 알려져 있는 베타카로틴(β-카로틴)보다 효과가 더 높다. 토마토를 일주일에 10개 이상 먹으면 전립선암 발생을 45% 줄일 수 있다고 한다.

영국의 보고에서도 1주일에 토마토를 2개 이상 먹는 사람은 흡연자라 할지라도 만성 기관지염에 걸릴 확률이 절반으로 줄어든 것으로 나타났다. 또 토마토의 라이코펜은 피를 잘 엉기지 않게 하는 항혈전 작용이 있어서 뇌경색이나 협심증 환자에게도 좋다고 한다.

시금치는 칼슘과 철분의 양이 많아 성장기 어린이들의 발육과 영양에 더없이 좋다고 한다. 비타민 A가 풍부해 상피세포를 건강하게 유지시키며, 야맹증 예방에 효과가 있다. 물론 시금치도 저칼로리 식품이다.

브로콜리는 우리말로 녹색꽃양배추라고 하는 양채류로, 최근에는 우리나라에서도 많이 재배되어 식탁에 올려지고 있는 채소이다. 브로콜리나 양배추 등에는 설포라페인과 인돌 등의 화합물이 있어서 유방암, 대장암, 위암과 같은 암 발생 억제 효과가 크다고 한다.

마지막으로 선정된 채소는 미국인들이 역겨운 냄새가 난다고 싫어하던 식품인 마늘이다. 우리나라에서는 이미 고조선 시대부터 이용해온 채소작물인데, 마늘에 피를 엉기지 않게 해주는 특효가 있다고 알려진 이후 미국의 의사들이 심장병이나 뇌경색 환자들에게 권하는 식품으로 되었다. 마늘에 들어 있는 알린이나 스코르진, 알리신 등의 성분은 항균 화합물로 페니실린보다 더 강력한 항생물질임이 밝혀졌다. 이들 물질은 식중독, 결핵, 티푸스 등 다양한 질병을 퍼뜨리는 박테리아(세균)나 곰팡이에 대한 항균 효과가 있으며, 면역 기능도 높여 준다.

 노년에 시력이 떨어지는 것을 막기 위해서는 과실과 채소를 많이 먹어야 한다는 연구 결과(2004년 8월)도 있다. 미국의 국립보건원(NIH)과 안과학회에서 무려 11만 명을 대상으로 시력 감퇴나 실명을 초래하는 백내장이나 황반변성 등 노인성 안과질환에 미치는 과실·채소의 섭취 효과를 조사하였다. 그결과 비타민 C, 비타민 E, 베타카로틴, 아연, 구리 등 다양한 항산화 성분을 함유한 과실, 채소를 많이 섭취하면 백내장에 걸릴 위험성이 감소했다. 그러나 각 성분을 분리, 농축한 영양제를 복용한 경우에는 예방효과가 없었다. 황반변성의 경우에도 아연, 구리, 루테인 같은 성분의 영양제의 복용은 병의 진행을 다소 늦추는 효과가 있지만, 발병 자체를 막지는 못했다. 하지만 하루 세 번 이상 과실을 먹는 사람은 하루 1.5회 이하로 먹는 사람들보다 황반변성에 걸릴 위험성이 36%나 낮게 나타났다. 즉, 과실과 채소를 많이 먹으면 눈의 노화 예방에도 효과가 있다.

원기를 돋우주는 상추

 사람이 영양제를 아무리 정성스럽게 먹어도 특

정 영양소의 과잉이나 불균형이 나타날 수 있지만, 과실과 채소는 오히려 많이 먹을수록 인체에 필요한 영양소가 골고루 충족되는 것이다.

녹황색 채소인 엽채류, 당근, 호박 등이 베타카로틴으로 인하여 항암 효과가 있을 뿐 아니라 풍부한 식이 섬유로 인하여 변비에 좋다는 것은 평범한 상식이 되어 버렸다. 그 외에 수박이나 참외 등은 물이 많아 삼복 중에도 시원하게 먹을 수 있는 데다가, 모든 과일이 가지고 있는 영양분을 고루 갖추고 있어서 하늘이 내린 맛 좋고 값싸고 영양까지 풍부한 생수 용기라고도 한다.

상추는 《본초강목》에서, 남자의 신(腎)에 좋고 여자의 젖을 많이 나게 한다고 하여 전통 비아그라로 쓰였음을 알 수 있고, 빈혈에도 좋은 채소이다. 《동의보감》에도 여러 가지 채소에 대하여 비슷한 효능을 기술한 것으로 보아서, 동서고금을 통하여 채소는 쉽게 구하여 즐겁게 먹을 수 있는 생약제로서 우리 몸에 중요한 먹거리였으며, 최근에는 더욱더 식품으로서 그 진가를 발휘하고 있다고 할 수 있다.

### 2) 채소의 중요성

채소는 70~95%가 수분으로 열량이 적어 주식으로 이용할 수는 없지만, 다음과 같이 보건적인 중요성을 지녀 반드시 섭취해야 하는 식품으로서의 가치를 지니고 있다.

① 비타민 급원: 비타민 A는 인체의 정상적인 발육과 상피세포를 유지하는 작용을 한다. 부족 증상은 먼저 눈과 피부에 나타나서, 야맹증의 원인이 된다. 식물에는 체내에서 비타민 A로 전환되는 전구물질인 카로틴으로 존재하여 이를 프로비타민 A라고 한다. 카로틴은 식물계에 널리 분포하고 있는 황적색 색소로서 베타카로틴이 대부분이다.

비타민 A 효력을 나타내는 국제단위(IU)는 베타카로틴 $0.6\mu g$의 효력과 같은 값이며, 채소의 베타카로틴은 총 함량 중 1/3가량이 생물적으로 효력을 보인다고 평가되고 있다. 채소의 먹을 수 있는 부위 100g 중에 카로틴 600㎍ 이상을 함유하고 있는 것을 녹황색채소라고 한다. 엽채류 중에는 시금치, 부추, 신선초, 쑥갓, 파슬리 등 녹색이 짙은 채소,

피망은 베타카로틴 함량이 높은 채소이다.

근채류로는 당근, 과채류로는 호박, 단고추(피망), 풋고추 등에 많이 들어 있다.

비타민 B 복합체는 니코틴산, 판토텐산, 폴릭산(Folic Acid) 등 여러 종류가 있다. 비타민 $B_1$이 결핍되면 식욕이 떨어지고 쉽게 피곤해지며 각기병의 원인이 된다. 완두, 잠두 등의 콩 종류와 마, 감자 등에 많이 들어 있다. 비타민 $B_2$도 시금치, 녹색꽃양배추(브로콜리), 단옥수수, 잠두(큰 콩) 등의 채소에 많이 함유되어 있으며, 부족하면 구순염, 구각염, 각막염 등이 발생할 수 있다.

비타민 C는 채소·과일류를 통해서만 섭취할 수 있으며, 부족하면 피부나 점막에서 피가 나는 괴혈병과 피부가 거칠어지는 증상이 나타난다. 대부분의 채소에 함유되어 있지만, 특히 갓, 케일, 파슬리, 시금치, 브로콜리 등의 엽채류와 풋고추, 딸기 등에 많이 들어 있다.

② 무기질 급원: 채소에는 1~4%의 무기질(mineral)이 함유되어 있으며, 특히 칼륨(K), 몰리브덴(Mo) 등은 동물성 식품으로는 섭취할 수 없는 것이며, 칼슘(Ca)도 의외로 채소에 많이 들어 있다. 채소에 들어 있는 대표적인 무기질 중 하나가 칼륨으로, 인체 내에서는 혈압 조절에 깊이 관

여한다. 고혈압을 예방하기 위해서는 나트륨의 과잉섭취를 피해야 하지만 세포 내막에 있는 칼륨이 감소되는 것을 막아서 세포 안팎의 삼투압 균형을 유지하는 것도 중요하기 때문이다.

우리나라 음식은 된장국 같이 염분을 지나치게 섭취하기 쉬운 것이 많은데, 칼륨이 풍부한 채소와 과일, 해조류 등을 많이 먹으면 나트륨(염분)의 과잉 상태에서도 세포의 삼투압 균형을 깨지 않기 때문에 고혈압 예방에 좋다.

칼슘 함유 식품이라고 하면 우유 및 유제품, **뼈째 먹는 생선**을 떠올리지만, 그 뒤를 잇는 것이 바로 녹황색 채소이다. 철분(Fe)도 칼슘과 함께 비교적 부족하기 쉬운 영양소이다. 녹황색 채소에 들어 있는 철분은 육류의 것보다 흡수율은 높지 않지만, 철분의 흡수를 돕는 것이 비타민 C이므로 육류 요리에 녹황색 채소를 듬뿍 곁들여야 철분을 효과적으로 흡수할 수 있다.

③ 식물섬유의 작용: 채소에는 인체 내의 소화효소로는 소화되지 않는 식물섬유(dietary fiber)가 1% 정도 함유되어 있다. 양배추, 시금치, 쑥갓, 상추, 우엉, 당근 등에 풍부하게 들어 있으며, 영양소로 되지는 않지만 장의 활동을 촉진시키고, 정장 작용으로 변을 잘 보게 하며, 담즙산을 흡착하여 배설함으로써 혈중이나 간장의 콜레스테롤 수치를 낮추는 역할을 한다.

④ 체질의 산성화 방지: 무기질 중 인(P), 황(S), 염소(Cl) 등이 산성 원소이고, 칼륨(K), 칼슘(Ca), 나트륨(Na), 마그네슘(Mg), 철(Fe) 등은 알칼리성 원소이다. 파를 제외한 채소 대부분은 알칼리성 원소가 더 많은 알칼리성 식품으로, 사람이 섭취하면 체질의 산성화를 막아서 노화를 더디게 해준다.

⑤ 항암 및 질병 예방: 최근 새롭게 인식되고 있는 채소의 기능으로 생체방어, 생체 조절 기능이 있다. 마늘과 양파뿐만 아니라, 딸기나 배추과 채소에도 항암 작용이 뛰어난 물질이 있다.
또한, 채소에는 여러 가지 색소가 생성되는데 색소 가운데 안토시아닌은 항산화작용을 함으로써 노화를 억제시키는 효과가 있다. 시금치, 쑥갓, 브로콜리, 우엉 등과 같은 채소도 토마토와 마찬가지로 혈전을 예방하는 효과가 있다는 것이 밝혀지고 있다. 그 밖에도 혈압을 안정시키고 간 기능을 강화시키는 등 질병의 예방과 건강 증진 효과를 갖고 있다.

배추과 채소에는 항암 작용이 뛰어난 물질이 들어 있다.

⑥ 정서적 측면: 다양한 채소는 미각, 시각, 후각, 촉각 등을 만족스럽게 변화시킴으로써 식사의 즐거움을 배가시켜 준다. 또한 가정에서 채소를 직접 키워보면 자연과 접할 수 있는 가장 좋은 길로 스트레스 해소와 정신 건강에도 매우 유익할 것이다.

### 3) 식물의 병과 사람의 건강

식물에도 병이 잘 감염된다. 특히 재배 품종은 품질이 좋은 대신 병에 약하여 관리하는 데 신경을 쓰지 않으면 아예 수확을 못 할 수도 있다. 그런데 식물에 생기는 병균의 종류는 동물의 것과는 전혀 다른 종류라서 그 병이 직접 사람에게 옮는 일은 없다.

우리 주변에서 흔히 볼 수 있는 채소나 과실의 탄저병에 대하여 2001년 미국 911 테러와 관련된 동물 탄저병과 혼동하는 경우가 일반 국민들 사이에 더러 있다. 탄저(anthrax)는 석탄을 뜻하는 그리스어가 어원으로, 식물병이나 동물병 둘 다 까만 딱지가 앉는 증상 탓에 이름이 붙은 것이다. 열매 채소류에 생기는 식물 탄저병은 곰팡이이며, 동물 탄저병은 세균으로 완전히 다른 것이다.

단지 병충해를 입을 때 식물체 내외에 생성되는 물질이 인체에 해로운 면은 있다. 때때로 사람이나 가축들이 곰팡이병이 든 곡식에 의하여 큰 피해를 입는 적이 있는데, 이는 병이 발생했을 때 생긴 유독물질로 인한 중독증이 나타난 것이다. 채소는 심한 중독증까지 일으킨 적은 없지만, 병충해가 심한 것은 아무래도 유독물질이 함유되었다고 보는 것이 옳다.

## 2 채소의 일생

### 1) 식물의 종족 유지

식물은 발아 후 여러 단계의 생육과정을 거쳐 종자의 결실에 이르며 결국은 노화되어 말라죽게 된다. 즉, 식물의 일생은 다음 대를 이어 갈 종자, 눈 또는 영양 저장기관을 형성하면서 마감된다. 매년 반복되는 식물의 생육주기를 생활환(life cycle)이라고 하며, 이는 1년생과 다년생, 또는 초본(풀)과 목본(나무)에 따라 달라진다.

채소라고 하면 식용을 목적으로 하는 면에서 관상용인 화훼와 구별되고, 초본이라는 특성에서 목본에서 과실을 수확하는 과수와 구별된다. 초본이지만 종자를 퍼뜨리지 않고도 여러 해를 살 수 있는 다년생도 있다. 모든 식물은 유성번식 또는 무성번식에 의하여 종족을 유지 보존한다. 채소는 대부분 유성번식에 의하지만, 마늘, 딸기, 토란 등과 같이 무성번식하는 것들도 있다.

호박 씨앗

### 유성번식(종자번식)

암·수의 성을 이용하여 이루어지는 번식방식이다. 즉 수술에서 나온 꽃가루를 암술머리에서 받아들여 교잡이 이루어져 2세가 만들어지는 방식이다.

그 어린 상태의 접합체를 배(胚)라고 하며 세포분열이 계속되어 발달하면 종자가 된다. 종자의 껍질(종피)은 대개 극한 환경을 극복할수 있도록 첨단 구조로 이루어져 있어서, 추위와 건조를 이기며 사람이나 동물의 소화효소에도 끄떡없이 소화기관을 그대로 통과하여 배설되는 것이다. 환경이 좋아지면 특유의 생명력으로 발아하는 성질을 이용하여 재배 시기를 마음대로 조정할 수 있는 것이다.

### 무성번식(영양번식)

감자는 무성번식으로 개체를 늘린다.

암·수 배우자가 관여하지 않고 식물체 일부분을 이용하여 개체 수를 늘려 나가는 방식으로, 생식기관이 아닌 영양기관을 이용하기 때문에 영양번식이라고도 한다. 채소 작물 중에서는 알뿌리를 이용한 마늘, 뛰는 줄기를 이용한 딸기, 덩이줄기를 이용한 감자 등이 무성번식으로 증식되고 있다. 무성번식의 단점은 증식 수가 적을 뿐 아니라, 식물체가 바이러스에 감염되면 후대에 문제가 전달될 수 있다는 점이다.

## 2) 채소 작물의 생육 주기

식물의 일생을 보면 영양생장과 생식생장으로 구분되며, 특정 생육 단계에서 일정 기간 잠을 자는 것(휴면)이 보통이다. 종류에 따라 각기 다른 독특한 생활환을 갖고 있다.

### 영양생장

식물의 줄기, 잎, 뿌리는 생장에 필요한 양분을 흡수하고 유기양분을 합성하고 저장하기 때문에 영양기관이라고 하며, 이러한 영양기관의 생장을 영양생장이라고 한다. 영양기관이 제대로 진행되어야 꽃과 같은 생식기관이 제대로 발달하게 된다.

### 생식생장

식물의 유성번식에 관여하는 기관을 생식기관이라고 하며, 꽃과 그로부터 유래하는 종자와 과실이다. 이러한 생식기관이 분화되고 발육하는 것을 생식생장이라고 한다. 식물이 영양생장을 하다 생식생장으로 전환하는 데는 영양분, 온도, 일장 등이 복합적으로 관여한다.

### 휴면

식물의 일생 중 특정한 생육 단계에서 일시적으로 생육을 멈추고 잠을 자는 것으로, 이러한 식물의 휴면은 불량환경을 극복하기 위한 수단이라고 볼 수 있다. 자신의 생육에 부적합한 환경이 오게 되면 휴면하면서 극복한다. 보통 나무의 눈이나 초본식물의 종자는 가을이 되면 휴면에 들어가 춥고 건조한 겨울을 나게 된다. 반대로 마늘과 같은 호냉성 월동작물은 여름이 되면 인경을 형성하여 휴면에 들어가 고온을 극복한다. 이러한 마늘의 휴면성은 여름에 저장하는 데 중요한 요인이 되는 것이다.

### 바이러스

작물에 있어서 바이러스 병은 치명적이라고 할 만큼 큰 피해를 입힌다. 가장 흔하게 보이는 종류는 진딧물에 의하여 옮겨 되어 잎과 과실이 쭈글쭈글해지는 모자이크 증상이다. 즉, 진딧물 몸속에 있는 바이러스 균이 식물체로 전달되는 것이다.
영양번식의 경우는 식물체 자체가 바이러스 균을 지닌 상태에서 다시 성장을 하게 되면 해가 거듭됨에 따라 점차 그 피해가 심해지게 되는 것이다. 종자번식을 하게 되면 그러한 번식에 따른 문제는 거의 생기지 않는다.

진딧물에 의한 모자이크 바이러스 증상

## 가. 1년생 채소

1년생 식물은 자신의 생활환을 1년 안에 마친다. 이들은 발아 → 영양생장 → 생식생장 → 결실의 과정을 거치며, 성숙한 종자는 일정 기간 휴면에 들어간다. 들깨, 상추 등은 벼, 보리와 같이 영양생장을 한 다음 이어서 생식생장을 하지만, 콩과 채소(완두, 강낭콩 등), 가지과 채소(가지, 고추, 토마토), 박과 채소(오이, 참외, 호박, 수박 등)와 같은 작물은 영양생장과 생식생장이 동시에 이루어진다.

1년생 채소는 대부분 여름형으로 단일식물인 콩, 들깨 등은 봄부터 여름에 이르는 장일 조건에서 영양생장을 하고 가을의 단일 조건에서 생식생장으로 넘어간다.

그리고 가지과나 박과 채소는 중성식물이라고 하여 일장과 관계없이 영양생장이 어느 정도 진행되면 바로 생식생장으로 이행한다. 이와 같은 여름형 채소는 종자 상태에서 휴면하면서 추운 겨울을 극복한다.

콩과 채소와 박과 채소는 영양생장과 생식생장이 동시에 이루어진다.

## 나. 2년생 채소

배추, 양배추, 케일, 무, 결구상추, 양파, 당근, 셀러리 등은 대표적인 2년생 식물이다. 이들은 종자에서 발아한 1년 차에는 영양생장만을 계속한다. 그

결과로 영양기관이 뚜렷하게 비대생장하고 저장 양분을 축적하게 된다.

비대한 영양기관은 겨울이 되면서 저온 자극을 받고 이듬해 봄의 고온장일 조건에서 줄기와 꽃대가 길게 자라서 추대하면서 개화, 결실한다. 이들의 생활환은 2년에 걸쳐서 완성되지만, 재배할 때는 영양생장만 필요한 작물들이므로 양파를 제외한 나머지 채소는 1년 차인 짧은 기간에 수확하게 되어 2년생의 의미가 없다.

### 다. 다년생 채소

감자, 고구마, 마늘, 딸기 등은 여러해살이 초본식물이다. 이들은 매년 봄에서 여름에 걸쳐 지상부가 생장하여 꽃이 피고 가을이면 말라 죽는다.

그러나 지하부의 뿌리는 살아남아서 겨울을 날 수 있으며 이듬해 봄에 이들로부터 다시 지상부가 돋아 나온다.

셀러리는 대표적인 2년생 식물이다.

이러한 여러해살이 초본식물은 지하부에 이듬해 사용할 저장양분을 저장한다. 경우에 따라서 많은 양의 전분, 이눌린, 프락탄, 당류, 단백질 등을 축적한 저장기관에는 눈이 있으며, 겨울에 휴면 상태로 있다가 다음 해 봄이 되면 맹아(발아)한다.

즉 이들은 종자가 아닌 다른 기관을 이용한 무성번식을 하는데, 지하부의 저장기관이 바로 중요한 번식 수단이 되는 것이다.

이들도 종자에 의한 유성번식이 가능하기는 하지만, 지상부에서 결실한 종자를 이용하여 파종하게 되면 생장 기간이 오래 걸릴 뿐만 아니라 본래 품종의 특성이 아닌 다른 형태도 섞여 나오기 때문에 잘 쓰지 않는다.

part 2

# 채소를 **가꾸기** 위하여 꼭 **필요한 것**

## 1 흙(배양토)

식물을 키우는 데 쓰는 흙은 배양토, 배합토, 용토 또는 상토라고도 부르며, 식물이 뿌리를 내리고 서 있게 하는 지지 역할을 한다. 또한 흙 속에 포함되어 있는 물과 영양분을 식물의 뿌리에 공급하여 식물을 성장시키는 역할을 한다.

흙은 식물이 뿌리를 내리고 서 있게 하는 지지 역할을 한다.

### 토양에는 어떤 종류가 있을까요?

토양이란 그 입자의 지름이 2㎜ 이하 되는 것을 말한다. 일반적으로 굵은 모래는 0.2~2㎜ 크기이고, 고운 모래는 0.02~0.2㎜ 크기이다. 그리고 가장 고운 흙의 입자는 0.002㎜ 이하로 점토라고 부른다. 토양은 모래와 점토의 함유 비율에 따라서 모래흙(사질토양)이나 찰흙(식질토양), 또는 그 중간의 여러 부류로 나뉜다

모래분이 많은 사토는 물과 영양분을 지니고 있기 어렵지만 공기는 잘 통하여 거기에서 자라는 채소는 마르기 쉽고, 반대로 점토분이 많은 식토는 물이나 양분은 잘 지니나 공기가 잘 통하지 않아 채소의 뿌리를 썩게 한다. 일반적으로 채소를 모래 성분이 많은 사질토양에서 재배하면 흙의 온도가 빨리 올라가게 되어 봄 채소의 생육이 촉진되고 수확이 빨라진다.

그러나 생육이 빠른 만큼 수확물은 육질이 불량하고 맛이 떨어지며 노화현상이 빨리 일어나 저장력이 약해진다. 반대로 점토분이 많은 식질토양에서 재배하면 초기생육이 더디고 수확기가 늦으며 뿌리채소는 겉모양이 고르지 못하게 되지만, 반면 수확물의 조직이 치밀해지고 저장력이 양호해지는 것이다.

**채소를 모래흙이나 찰흙에서 키울 때 생기는 문제점**

| 채소 | 모래흙 | 흙 |
|---|---|---|
| 배추 | 병해, 동해, 가뭄의 해를 입기 쉽다. | 비교적 병해에 강하지만 수확이 늦다. |
| 무 | 뿌리에 바람들기 쉽고 저항력이 약하다. | 잔뿌리가 많고 뿌리가 갈라지기 쉽다. |
| 우엉 | 바람들기 쉽고 향기가 적다. | 모양이 고르지 않다. |
| 양파 | 잎의 짜임새가 허술하고 얇으며 저항력이 약하다. | 수확이 늦어지고 알이 작으며 위로 솟아 있다. |
| 마늘 | 병해가 많고 통의 짜임새가 허술하다. | 비교적 병해가 적지만 수확이 늦다. |
| 수박 | 과육의 질이 불량하여 무르기 쉽다. | 수확이 늦고 통이 작다. |
| 딸기 | 과육이 무르고 꽃 수에 비해 과실 수가 적다. | 수확이 늦고 과실 크기가 작다. |

## 1) 좋은 흙이란

### 가. 공기가 잘 통할 것

식물의 뿌리는 살아서 호흡해야 하므로 흙 속에서 산소를 필요로 한다. 그러므로 만약 흙 속에 공기가 통하지 않으면 뿌리의 활동이 나빠져 채소가 잘 자라지 못한다.

### 나. 물 빠짐이 좋을 것

대부분 공기가 잘 통하는 흙은 배수(排水)도 잘되는 것이 보통이다. 벼와 수생(水生)식물 등 일부 식물을 제외하고 대부분 식물의 뿌리는 물 속에서는 호흡할 수가 없어 질식하여 죽는다.

배수가 나쁜 흙에 심었을 때 뿌리가 잘 썩으며, 반대로 물이 너무 잘 빠지는 흙은 건조하기 쉬우므로 수분 보급에 신경 써야 한다.

### 다. 물을 잘 지니고 있는 흙

배수가 너무 잘되는 흙은 건조하기 쉬우므로 물을 자주 주어야 할 필요가 있다. 그래서 배수가 잘 됨과 동시에 어느 정도 보수력(保水力)이 있는 흙이 바람직하다.

그러나 이와 같이 이상적인 흙은 그렇게 흔하지 않기 때문에 실제로는 유기질 비료를 주거나, 여러 가지 흙을 섞어서 흙 만들기부터 제대로 해야 한다. 일반적으로 흙은 전체 부피의 절반이 틈새이고, 다시 그 공간의 절반이 물, 나머지 절반이 공기로 채워져 있는 것이 보통 식물이 자라는 데 이상적인 상태이다.

이상적인 배양토의 조성 상태

### 라. 양분을 충분히 지니고 있는 흙

이른바 흙이 비옥해야 한다는 뜻이다. 식물이 자라는 데 중요한 사항으로, 비료 부분에서 자세히 설명하기로 하자.

### 마. 병해충이 없는 흙

이것도 중요한 사항이다. 특히 작물이 심어져 있던 흙이라면 병균이나 해충(벌레)이 있을 수 있으므로 신경 써야 한다. 같은 작물을 같은 토양에 계속 심었을 때(연작) 피해가 있는 작물들(참외, 오이, 수박 등)은 대개 이러한 병이나 해충의 해에 의한 경우가 많으므로 2년 이상 연작한 흙은 같은 채소에 쓰지 않도록 조심해야 한다.

## 2) 여러 가지 흙

### 가. 밭흙

작은 흙 알갱이들이 모여서 쌀알에서 콩알 정도의 집단 즉, 입단 상태를 하고 있는 흙으로, 한 번 건조하면 비교적 잘 부서지지 않는다.

보통 흙색이라고 하는 갈색 내지 검은 토양 지대에서 구할 수 있다.

### 나. 황토

황갈색의 점질토로 말리면 체로 쳐서 입자가 큰 흙과 입자가 작은 흙으로 나눠 쓸 수 있다. 우리 주위에 가장 많은 흙으로 밭흙이나 모래와 혼합하여 쓰기도 한다.

### 다. 논흙

찰기가 있는 흙으로 건조하면 딱딱하게 굳어진다. 물과 영양(비료)분을 지니는 힘이 강하므로 황토나 모래, 부엽(썩은 잎)과 섞어서 쓰면 채소 재배에 좋다.

### 라. 모래

강모래와 산모래가 쓰이며 물이 잘 빠지므로 각종 흙과 혼합해서 쓴다.

---

**입단 상태**

모래는 입자들이 따로따로 노는 것을 알 수 있는데, 그러한 상태를 단립(單粒) 상태라고 한다. 반면 점토질의 토양 입자들은 서로 붙어 있는 성질이 있어서 그렇게 여러 개의 토양 입자들이 모여 있는 형태를 입단(團)이라고 하며, 입단들로 구성된 토양 상태를 입단 구조라고 한다. 입단 구조에서는 입단들 사이의 공간이 비교적 많이 확보되어 물을 잘 지닐 수 있고 토양 미생물의 활동도 왕성하여 이른바 살아있는 흙이라고 하는 상태이다.

밭을 갈아주는 것도 토양의 입단화를 촉진하는 방법이며, 토양 속에 수분이 적당히 있을 때 갈아줘야 그 효과가 크다.

토양의 단립 및 입단 구조

인공 토양으로 사용되는 버미큘라이트

인공 토양으로 사용되는 펄라이트

### 마. 버미큘라이트(vermiculite)

질석을 인공적으로 고열 처리하여 만든 인공 토양으로서 운모와 같이 가벼우며 수분 흡수력이 매우 강하다. 통기, 배수, 보수성 등이 강하여 토양 개량제로서 다른 흙과 혼합하여 쓰면 적합하고, 화원이나 원예종묘상에서 쉽게 구할 수 있다.

### 바. 펄라이트(perlite)

진주암을 분쇄하고 고열 처리하여 원래 크기의 10배 정도의 부피를 갖게 된 아주 가벼운 흰색의 인공 토양이다. 버미큘라이트와 같은 용도로 쓰이며, 화원이나 원예종묘상에서 구할 수 있다.

### 사. 피트(peat)

연못 밑바닥에서 나오는 검은색 입단 상태의 흙으로서 수태(물이끼), 고사리류, 풀 등이 습지에서 퇴적해서 변질된 것이다. 보수력과 통기성이 좋아서 퇴비나 부엽과 마찬가지로 다른 흙과 섞어서 쓰며, 산성이므로 반드시 석회를 같이 써야 한다.

피트모스(peat moss)는 온대 습지에서 죽은 물이끼 등이 퇴적 분해되어 토탄이 된 것으로 갈색이다. 피트와 마찬가지로 강산성으로 반드시 석회로 중화해서 써야 하며, 배합토의 재료로 쓰이는 이외에 퇴비 대용으로도 쓰인다. 화원이나 원예종묘상에서 구할 수 있다.

### 아. 훈탄

온대 습지에서 죽은 물이끼 등이 퇴적·분해되어 만들어지는 피트모스

왕겨를 태운 것으로 다른 흙에 혼합하여 쓴다.

### 자. 부엽토(腐葉土)

말 그대로 낙엽을 모아서 썩힌 것으로서 흙과 혼합하고 쌓아서 발효시킨것이다. 침엽수보다는 상수리나무, 졸참나무, 밤나무, 떡갈나무 등의 낙엽이 좋다. 다른 흙과 섞으면 토양 개량에 도움이 되

훈탄

고, 분해하게 되면 비료로도 사용할 수 있으므로 특히 분 재배에는 없어서는 안 될 재료이다. 화원이나 원예종묘상에서 쉽게 구할 수 있다.

### 차. 기타 토양 개량제 (화원이나 원예종묘상에서 구할 수 있음)

① 미생물 제제: 아미나, 그로 등 최근에 많은 시판 제품들이 나와 있다. 효소와 미생물을 이용하여 유기물을 작물이 흡수하기 쉬운 무기태 상태로 도와주는 역할을 한다. 유기물이 분해 생성된 동물성 아미노산을 주원료로 키토산, 유기산 및 숙성된 목초액 등의 생리활성 물질과 각종 미량 요소를 첨가하여 만든 제품이다. 미생물 제제가 토양 중에 있으면 양분이 작물에 빨리 흡수되며, 토양의 양분 보유 능력이 높아져서 각종 병해에

토양 미생물제

대한 저항력이 향상되고 생리장해 회복 효과를 크게 한다.

② **부식산(humic acid)**: 토양에 존재하는 유기물이 미생물에 의하여 분해되면서 변형 또는 합성된 암갈색의 복잡 다양한 물질이다. 부식산은 양분 보유 능력이 높기 때문에 토양 중에 섞여 있으면 유효한 영양 성분이 빠져나가거나 못쓰게 변하는 것을 막아주고 작물에 지속적으로 충분한 영양을 공급해 주는 역할을 한다.

> **목초액**
>
> 목초액은 숯을 굽는 과정에서 발생하는 연기를 냉각하여 얻는 것으로, 친환경농업을 하는 데 토양 개량 자재로 포함되어 있다. 퇴비를 만들 때 목초액을 뿌려주면 숙성 기간이 짧아진다. 또한 채소에 200~500배로 희석하여 살포하면 해충의 기피 작용이 있으며, 당도가 높아야 하는 과실 채소인 수박, 참외, 멜론 등에서는 위의 희석액을 1포기에 1L씩 비료나 농약과 섞어서 토양에 주면 과실 품질이 좋아진다. 다만 원액의 산도(pH)가 3.5 이하로 강산성이므로 너무 많이 주면 나쁘다.

③ **숯(활성탄, charcoal)**: 나무를 태워 탄화시킨 숯을 토양에 투입하는 것은 자연산물을 토양에 돌려주어 비옥하게 한다는 뜻이다. 숯은 특히 토양 속의 농약 등 환경오염물질이나 유해 물질 등을 빨아들여 토양을 깨끗하게 한다.

④ **스펀지 소일(sponge soil)**: 주로 '유카'(화단용 여러해살이 관상식물)라는 식물에서 추출하여 만든 토양 구조 개선제로, 토양의 통기성과 배수성을 좋게 하고 물도 잘 흡수하게 한다. 따라서 물이 잘 안 빠지는 토양, 특히 찰흙 성질의 토양(점질토)을 개선하는 데 효과적이다.

## 3) 좋은 흙 만들기

### 가. 뜰이나 텃밭의 흙 만들기

흙은 통기성이나 배수를 좋게 하려면 흙 입자의 틈을 많게 하여야 한다. 단단하게 굳어버린 땅은 파서 뒤집으면 부풀고 부드러운 흙이 될 수 있지만 그것은 일시적이고 얼마 동안 비바람을 맞고 나면 다시 원상태로 딱딱해진다.

따라서 밭을 파서 일굴 때는 퇴비, 피트(peat), 낙엽 등의 유기물을 섞어주어야 부드러운 상태를 오래 지속할 수 있다. 시중에서 판매하고 있는 부엽토(腐葉土, 썩은 낙엽이 섞여 있는 흙)는 그 좋은 예이다.

유기물이 없는 메마른 흙은 대개 입자들이 따로따로 노는 단립(單粒, 홑알) 구조로서 틈이 없이 다져지기 쉬운 상태이나, 유기물은 흙 속에서 부식(腐植, humus)되어 이것이 흙의 작은 입자를 끌어당겨서 입단(粒團, 떼알) 조직을 만들어 많은 틈을 만들게 되는 것이다.

그러나 이것도 오랜 기간이 지나면 조금씩 분해되어 식물의 영양이 되므로 본래 상태인 단립 조직으로 돌아가게 된다. 따라서 적어도 1년에 1회씩은 유기물을 보충해 주어야 한다.

### 나. 화분이나 용기의 흙 만들기

정원의 흙을 그대로 용기에 담아 쓰는 것은 좋지 않다. 배합토를 별도로 만들어서 써야 좋다.

일반적으로 잘 사용되는 흙으로는 비옥한 흙(5), 부엽토(3), 모래(2)의 비율로 혼합하는 것이다. 식물의 성질에 따라 건조한 상태를 좋아할수록 모래의 비율을 높게 해야 하며, 용기의 밑바닥일수록 입자가 큰 흙을 넣고 심는다. 용도에 따라 아래와 같이 배합한다.

분 흙: 밭 흙(5) + 부엽토 또는 피트(3) + 버미큘라이트(2)
상자(플랜터) 흙: 황토(4) + 부엽토(3) + 버미큘라이트(3)
파종(씨 뿌리기)용 흙: 부엽토 또는 피트(5) + 모래 또는 버미큘라이트(5)

### 다. 속성 상토 만들기

 좀 더 대량으로 상토(床土)를 만들려면 밑거름 성분까지 넣어서 만들어야 비료를 자주 주지 않아도 되는 장점이 있으며, 최소 2주일 정도의 시간이 필요하다.

#### 상토의 재료

- 주재료: 부엽토, 황토, 마사토(굵은 모래), 논흙, 버미큘라이트, 펄라이트 등
- 부재료: 퇴비, 피트모스, 훈탄(왕겨숯), 톱밥 퇴비, 발효 왕겨 등
- 주재료와 부재료의 혼합비는 75:25에서 50:50으로 한다.

#### 비료 양분의 첨가량

 상토 100kg(약 100L)당 요소 40g, 용성인비 또는 용과린 200~250g, 염화칼륨 또는 황산칼륨 40g 정도를 혼합하고 복합비료를 쓰려고 하면 채소용 복합비료(9-12-9)를 상토 100kg당 2.2kg 정도 혼합한다.

#### 토양 개량제

 상토 100kg당 석회와 토양 개량제를 각각 200g 혼합한다.

#### 조제 방법

 심기 2주일 전에 비닐하우스 안에서 주재료와 부재료 그리고 비료 양분과 토양 개량제를 골고루 섞어 쌓아서 약 7일 정도 비닐로 꼭 덮어두었다가 벗겨낸 후 2~3회 뒤적거린 후에 분에 담아 사용한다.

최근의 토양개량제에는 석회가 포함되어 있는 것이 많다.

버미큘라이트, 펄라이트를 섞어 만든
배양토에서 자라는 배추 모종

### 4) 산성 토양의 개량

빗물에 씻겨지면 흙 속의 알칼리성 물질이 흘러나가 흙은 산성이 되는 것이 보통이다. 또 대부분이 산성인 화학비료에 의해서도 산성이 강해진다. 이와 같이 산성이 강한 흙에서는 흙 속의 칼륨(K), 칼슘(Ca), 마그네슘(Mg) 등의 성분이 식물에 흡수되기 어려워진다. 또 점토(찰흙)에서 알루미늄이 녹아서 식물의 뿌리를 상하게 하거나 인산($P_2O_5$) 결핍이 생기므로 식물의 생육에 좋지 않은 영향을 미친다.

그래서 산성이 강한 흙에는 반드시 농용(農用)석회나 소석회를 살포하여 흙을 중화시킴으로써 식물의 생육을 도와주어야 한다.

우리나라 토양은 거의 산성토로 되어 있다고 보아도 무리는 없으며, 흙의 산성도를 식별하는 방법은 주위에 나 있는 잡초를 조사해보는 방법이 간단하다. 가령 쇠뜨기, 질경이, 나무딸기 따위의 잡초가 많고 다른 잡초의 생육이 약한 곳은 대부분이 강산성 토양으로 보아도 된다.

## 산성 토양과 채소 작물의 생육

| 구 분 | 작 물 | 적정 산도(PH) |
|---|---|---|
| 산성 토양에서 잘 자라는 채소 | 수박, 감자, 고구마, 치커리, 토란 | 5.0~6.8 |
| 산성 토양에서 다소 강한 채소 | 호박, 고추, 가지, 토마토, 오이, 강낭콩, 무, 당근, 파슬리, 완두, 마늘, 순무, 단옥수수 | 5.5~6.8 |
| 산성 토양에서 잘 자라지 못하는 채소 | 셀러리, 시금치, 배추, 양배추, 오크라, 브로콜리, 콜리플라워, 상추, 양파, 파, 리크, 멜론, 피망 | 6.0~6.8 |

## 2 물

식물은 그 체내에 50% 이상, 과실은 80~95%의 물을 함유하고 있다. 따라서 식물의 생명은 거의 물에 의하여 유지되고 있는 셈이므로 물이 떨어지지 않게 하는 것이 중요하다. 더구나 한편으로는 식물 잎에서 매일 많은 양의 물이 대기 중으로 증발되고 있는데, 그 양은 토마토 한 포기에서 하루에 4L나 된다고 한다. 그러므로 가정에 식물이 몇 포기 있으면 가습기를 따로 설치할 필요가 없다.

### 1) 식물체에서 물의 작용

#### 가. 탄소동화작용의 원료

대부분의 녹색식물은 뿌리에서 빨아올린 물과 잎에서 빨아들인 공기 중의 이산화탄소($CO_2$)를 원료로 해서 태양에너지를 이용하여 잎에서 탄수화물(전분이나 당분)을 만들어 자기의 생활을 위한 에너지원으로 체내에 저장한다. 탄수화물은 분해되어 에너지를 방출하거나 단백질을 합성하는 재료로 쓰이는 중요한 영양분이다. 그 원료가 되는 물이야말로 식물의 생활과 생장의 근원이라 할 수 있다.

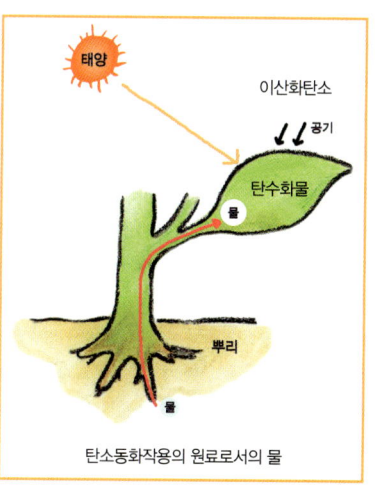

탄소동화작용의 원료로서의 물

### 나. 물질의 운반을 도와주는 물

 질소, 인산, 칼륨(칼리)을 비롯한 토양 속의 비료 성분은 모두 물에 녹은 상태에서 식물의 뿌리를 통하여 체내에 흡수된다. 따라서 흙의 수분이 부족한 상태에서는 비료도 식물체 내에 들어가기가 어려워진다. 또 탄소동화작용에 의하여 잎에서 만들어진 당분 등이 줄기, 뿌리, 과실 등의 다른 장소로 옮겨질 때에도 물에 의하여 운반된다.

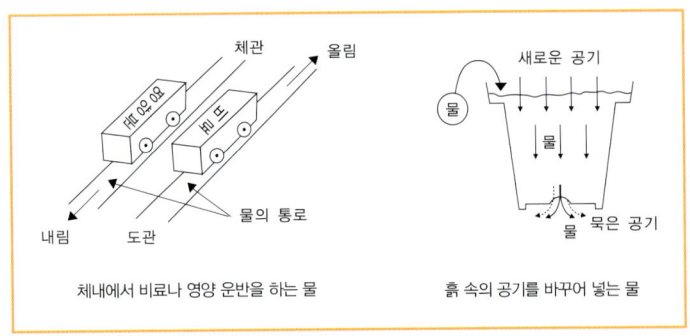

체내에서 비료나 영양 운반을 하는 물 · 흙 속의 공기를 바꾸어 넣는 물

### 다. 흙 속의 공기를 바꾸어 넣는 물

 물이 흙 속에서 내려갈 때는 반드시 뒤에서 공기가 끌려 들어간다. 물은 흙 속의 공기를 바꾸어 넣는 데도 도움을 주는 셈인데, 이것은 뿌리의 호흡작용에 있어서 중요한 의미를 지니는 것이다.

### 2) 물 주는 요령

 식물을 키우는 일 중에서 물 주기는 가장 간단한 것처럼 보이지만 실은 매우 어려운 기술이다.

채소 작물은 비교적 물을 많이 필요로 하는 편이나, 어느 작물이라도 뿌리가 물에 잠겨 있는 상태라면 뿌리가 거의 제 역할을 못 하여 생육이 곤란하다. 같은 작물이라도 계절이나 재배 방법이 달라지면 물의 요구량도 달라져야 한다. 이것을 무시하면 물이 너무 모자라서 작물이 말라죽게 되거나, 물이 너무많게 되어 뿌리가 썩게 될 수 있다.

물은 이른 아침에 주는 것이 효과적이다. 대면적에서 물의 양을 따져서 효율적으로 관수하려면 저녁때 주어야 대기 중 공기가 먼저 식어가며 토양 흡수율이 높다. 그러나 가정에서 특히 채소를 재배할 때 밤에 물이 많으면웃자라기 쉬우며, 낮이나 저녁에 뜨거울 때 물을 주면 뿌리가 썩을 수 있다.

물뿌리개의 구멍이 커서 물줄기가 굵으면 토양이 파이고 쉽게 굳게 되므로 가능한 한 구멍이 촘촘한 물뿌리개로 부드럽게 주는 것이 토양 관리에 좋다.

### 3) 물 주는 양

① 화분이나 상자(플랜터): 재배 용기에 흙을 채울 때는 용기 꼭대기에서 최소한 2~3㎝는 여유를 두어 물을 줄 때 넘치지 않도록 하는 공간(water space)이 있어야 한다. 그 공간을 채울 만큼의 양만 주어도 충분하나 좀더 주어도 배수 구멍으로 물이 새나가므로 과습 염려는 없다.

② 또한 물은 조금씩 자주 주는 것보다는 한 번 줄 때 듬뿍 주고 용토의 표면이 가볍게 마른 후에 다시 주는 것이 좋다. 더울 때 낮에 잎이 약간 시든 기미가 보여도 저녁 이후에 회복된다면 걱정할 필요는 없다.

③ 계절에 따라 물 주는 양은 크게 차이가 나지만, 증발에 의하여 소모되는 속도의 차이이므로 물 주는 양보다는 횟수를 조절하는 수밖에 없다.
- 봄, 가을: 하루에 한 번 정도 주면 된다.
- 여름: 고온기이므로 증발량이 많아 물의 요구량이 특히 많은 시기이다. 한참 자라는 때라면 하루에 2번 정도 주는 것이 좋다. 물 주

는 시간은 아침 9시 이전과 오후 4시경이 좋으며, 한낮에는 피하는 것이 좋다.

- 겨울: 앞서 설명대로 하여 3~4일에 한 번씩만 준다.

④ 텃밭: 용기에 심었을 때보다 그다지 빨리 건조되지는 않지만 비가 너무 많이 오면 과습의 피해를 입을 수 있다. 검은 비닐로 덮어씌우면(멀칭) 물을 자주 주지 않아도 되며 잡초 발생도 막아서 일거양득의 효과를 본다. 예로부터 '물 주기 3년'이란 말이 있듯이 물 주는 것처럼 어려운 것도 없다. 한 포기당 얼마의 물을 줘야 한다는 규칙은 있을 수가 없기 때문에 흙이 마른 상태와 잎이 시드는 상태를 봐가며 물의 양을 조절하는 수밖에 없다.

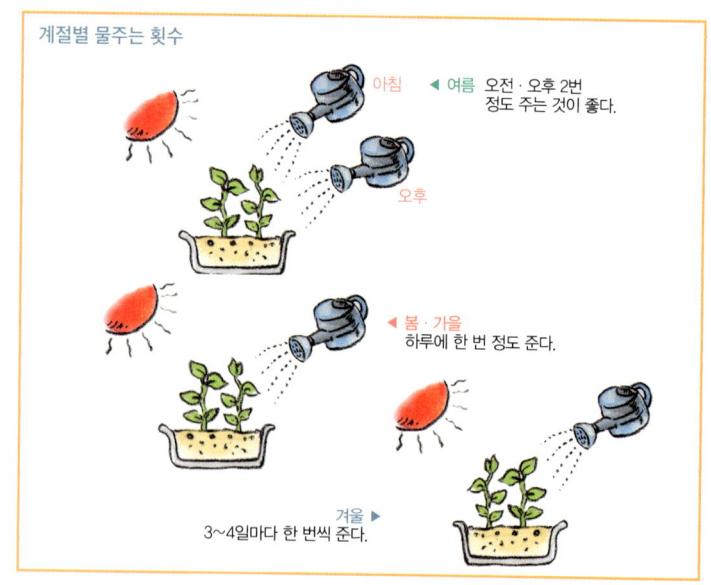

계절별 물주는 횟수

◀ 여름  오전·오후 2번 정도 주는 것이 좋다. (아침 / 오후)

◀ 봄·가을  하루에 한 번 정도 준다.

겨울 ▶  3~4일마다 한 번씩 준다.

## 3 비료(영양분)

### 1) 비료의 성분과 작용

대부분의 잡초는 구조적으로 흙 속에 있는 비료분을 거침없이 흡수하여 왕성하게 자랄 수 있는 능력을 갖추고 있는 식물이다. 그러나 맛이나 수확량 등을 좋게 하기 위하여 개량된 작물들은 여러 가지 양분이 갖추어지지 않으면 제대로 흡수하지 못하고 균형 잡힌 생육이 어려워진다. 부족한 비료를 제때 주어서 영양분을 고르게 흡수하도록 해주어야 잎이 부드럽게 자라고, 꽃이 잘 피어서 열매를 탐스럽게 맺을 수 있다.

비료 성분 중에서 가장 흡수량이 많은 것은 질소(N), 인산(P), 칼리(칼륨, K)이다. 이들을 비료의 3요소라고 부른다. 칼슘(Ca)을 포함하여 4요소, 또 마그네슘(Mg)까지 포함하여 5요소라고도 한다.

#### 가. 질소(화학비료로는 요소와 황산암모늄이 있음)

질소(N)는 식물체 내에서 단백질을 만드는 질소동화작용의 원료 중 하나로서 세포의 분열이나 성장에 없어서는 안 될 성분이다. 또 엽록소의 성분이기도 하여, 질소 비료를 주면 잎의 녹색이 진하게 된다. 따라서 질소는 잎 비료 또는 가지(줄기) 비료라고 하며, 특히 채소 작물에 있어서는 가장 많이 필요하고 중요한 성분이다.

가정용 요소(질소) 비료

상추, 배추, 케일과 같은 엽채류는 질소 영양분이 과도하게 흡수되어 잎 색깔이 진하게 되면 질산염이라는 좋지 않은 성분이 있으므로 키울 때 질소가 과다하지 않도록 한다.

## 나. 인산(화학비료는 용과린, 용성인비, 과석 등)

인산(P)은 뿌리의 발육이나 생장 촉진에 도움이 될 뿐만 아니라 꽃이나 과실, 종자의 형성에 중요한 성분으로서, 뿌리 비료 또는 종자 비료라고 일컬어진다. 또한 과실 속의 산을 줄이고 단맛을 늘리는 효과도 있다.

3요소 중에 인산은 한 번 주면 토양 중에서 잘 씻겨내려 가지 않기 때문에 밑거름으로만 주어도 충분하다.

식물 부위별로 필요한 비료 성분

잎: Mg, N
꽃: N, K
줄기: N
과실: K, Ca
종자: P
흙: Ca
뿌리: P, Ca

칼리 및 복합비료

## 다. 칼리(화학비료는 염화칼리와 황산칼리)

칼리(K)는 식물체 내의 탄수화물이나 단백질의 합성, 이동, 축적 등의 생리 작용에 중요하고, 꽃을 피우고 열매를 맺게 하는 데 특히 중요한 성분이다. 따라서 열매 비료라고도 불린다. 한편 추위나 병충해에 대한 저항력을 크게 하는 작용도 한다.

### 라. 칼슘(화학비료는 석회)

칼슘(Ca)은 조직을 단단하게 하는 체질 구성 물질로서 중요한 외에 엽록소의 생성과 뿌리의 발육과도 관계가 깊고 유해물질의 중화에 도움이 된다. 무엇보다도 석회는 산성 토양을 중화시키는 데 필수적인 토질 개량제이다.

### 마. 마그네슘(비료는 고토, 황산마그네슘, 탄산마그네슘)

마그네슘(Mg)은 엽록소의 중핵 성분이므로 모자라면 엽록소가 제대로 생성되지 않아 잎의 기능이 나빠진다. 이 밖에 식물체 내에서의 물질 이동을 돕는 성분이다.

### 바. 기타 미량 요소(붕소, 철, 망간, 아연 등)

미량 요소도 식물체 내에 단지 적은 양만 필요할 뿐 앞서의 다량 원소와 마찬가지로 식물의 생장에 꼭 필요한 필수 원소들이다. 단지 이것들은 보통 흙 속에 함유되어 있는 양으로도 충분하기 때문에 따로 주지 않는 것이다.

붕소(B, 비료는 붕사)는 미량 원소이지만 채소를 재배할 때는 종종 결핍되기 쉬운 성분이다. 배추나 무를 재배할 때 붕소가 부족하게 되면 속이 썩는 생리 장해 증상이 나타나게 되므로 예방책으로 밑거름을 줄 때 붕사를 3평(10㎡)당 20g 정도 함께 준다.

## 2) 비료의 종류별 특징

### 가. 화학비료

앞서의 비료들은 화학적으로 형성된 무기질 비료로서 일반적으로 물에 바로 녹고 효과가 빨리 나타난다. 반면 잘 녹기 때문에 흙 속에서 유실되는 양도 많아 주는 양대로 흡수되는 것은 물론 아니고 곧 비료 부족이 되는

**복합비료의 예**

결점이 있다.

텃밭이나 마당에서는 주된 비료로 쓸 수 있으나, 화분이나 상자에서는 보조적으로 쓸 수밖에 없다. 진한 것을 한 번에 많이 주면 중독증으로 해를 입게 되므로 희석하거나 퇴비 등에 섞어서 주도록 한다.

복합비료는 질소, 인산, 칼리를 작물에 따라 갖가지 비율로 혼합하여 만든 화학비료로 간편하게 쓸 수 있고, 물에 희석한 액체 비료도 농원이나 원예종묘상에서 시판되고 있다.

### 나. 유기질 비료

동물체나 식물체에서 만들어진 비료를 유기질 비료라 하며, 깻묵이나 닭똥, 퇴비 등이 이에 해당된다. 화학비료를 양약이라고 하면 유기질 비료는 한약이라 할 수 있다. 화학비료가 속효성인데 비해, 유기질 비료는 효과가 두고두고 천천히 나타나는 지효성이다.

따라서 유기질 비료는 비료의 효과가 오래 지속되며 비료 중독의 위험이 적고 토질의 개량이나 미량 요소의 공급에 적합하다. 반면 미리 썩혀야 하며 발효 중에 악취가 나는 결점이 있고, 아무래도 비료의 성분량이 부족하므로 화학비료를 보조적으로 쓰면 효과적이다.

깻묵(유박)으로 만들어진 시판되는 유기질 비료

### 퇴비 만들기

- 손쉬운 퇴비 제조 방법: 흙을 부풀게 만들고 비료의 분해를 돕기 위해서는 퇴비를 주어야 한다. 채소 부스러기, 낙엽, 볏짚 등에 물을 뿌려서 썩히는 것이 가장 손쉬운 제조방법이다.

- 비에 맞지 않도록 비닐로 씌워 두고 도중에 한두 번 뒤집어주면 100일

정도면 완전히 썩게 된다. 만들어진 퇴비는 3.2㎡(1평)당 1.5~2kg 정도 뿌리고 잘 섞어준다.

- 많은 양의 퇴비 제조 방법: 퇴비의 발효를 잘되게 하는 데는 질소 성분이 필요하므로, 퇴비를 만들 때 생선 찌꺼기 등을 섞거나 질소 비료를 첨가하면 좋은 퇴비가 된다.
- 가정에서는 정원에 40×40㎝의 구덩이를 40㎝ 깊이로 판 후 봄부터 식품 쓰레기가 나오는 대로 구덩이에 5~7㎝가량 깔고 그 위에 구덩이에서 나온 흙을 2~3㎝ 덮는다. 이를 반복하여 쌓으면 가을에는 좋은 퇴비가 되어 겨울 또는 봄에 이용할 수 있다. 물론 구덩이에 빗물이 들어가지 않도록 비닐 등으로 덮개를 해주어야 한다. 그 정도면 100㎡(30평) 정도의 밭에 뿌릴 수 있는 양이다.
- 농가에서는 볏짚을 넣고 갈아주는 경우가 많은데 볏짚이 완전히 썩지 않았다면 유기질 비료로서의 역할보다 토양을 부드럽게 부풀리는 효과가 더 큰 것이다. 역시 볏짚이 썩는 데는 질소 비료가 필요하므로 볏짚 1kg당 요소 비료를 20g 같이 넣어 밭을 갈면 볏짚이 잘 발효된다.
- 판매하는 유기질 비료: 시중에서 톱밥 또는 부산물로 만든 유기질 비료는 효소를 발효시켜 만든 것으로 퇴비와 같은 효과를 얻을 수 있다.

## 깻묵 비료 만들기

- 깻묵은 참깨, 들깨 등 식물 씨앗으로 기름을 짜고 남은 찌꺼기 덩어리이다. 깻묵을 물 비료로 만들려면 깻묵 덩어리에 5배가량의 물을 부어서 섞은 것을 2병(됫병)에 따라 넣고 그늘에 두면 여름에는 20~30일, 겨울이라도 30~60일 정도면 발효 분해된다. 물 비료는 오래된 것일수록 좋고, 비료로 쓸 때는 그 위에 뜬 맑은 물을 다시 10~20배로 희석하여 10일 간격으로 주면 된다. 위에 뜬 물이 없어져도 다시 물을 부으

면 2, 3번 정도 더 쓸 수 있다.
- 고형 비료를 만들려면 항아리에 깻묵과 같은 분량의 물을 함께 넣고 1, 2달을 두어 완전히 썩어서 냄새가 덜 나게 되면 비료로 쓸 수 있는 단계이다. 골분(뼛가루)이나 초목회(재) 등을 깻묵의 1/3 양이 되게 섞으면 더 좋은 비료가 된다. 이것을 말려서 반쯤 마른 것을 큰 콩 크기로 만들어서 화분 가장자리에 놓는다. 완전히 말려서 보존해두어도 편리하다.

### 생선 아미노산 만들기

- 생선 찌꺼기는 가정에서 구하기 쉬운 재료로 쉽게 아미노산 비료를 만들 수 있다. 생선의 머리, 내장, 뼈 등을 독 안에 넣고 같은 무게의 흑설탕을 넣어 절이면 2~3일 후면 액체가 생기기 시작하여 10일 후면 액체 비료로 사용할 수 있게 된다.

- 사용법
  - 엽면에 시비할 때는 물 2L에 5㏄ 정도를 섞어서 스프레이한다.
  - 물 줄 때 같이 주려면 물 50L당 작물의 상태가 그다지 나쁘지 않으면 25㏄, 많이 나쁘면 50㏄ 정도의 범위에서 적당히 타서 물 주듯이 준다.

- 효과
  - 여러 가지 복합적인 요소가 함유되어 있으므로 영양 보충 효과가 좋다. 토양 속의 미생물이 좋아하여 활동이 활발해지므로, 퇴비를 만들 때 첨가하면 숙성 기간이 단축된다.
  - 벌레들이 생선 아미노산의 냄새를 싫어하여 충해 예방에도 도움이 된다.

환경친화형 액체 비료

## 4 농약

### 1) 가정에서 사용할 수 있는 천연농약

가정에서 손쉽게 구할 수 있는 달걀, 식용유, 식초, 우유, 담배, 비누(주방용으로 나오는 천연 물비누가 좋다) 등을 이용하여 농약 대신 벌레를 잡을 수 있으나, 이러한 천연 농약은 초기에 사용해야만 효과가 있다.

### 가. 식용유, 계란

달걀노른자로 만들어진 기름, 즉 난황유를 이용하면 농약으로도 방제가 어려운 흰가루병, 노균병 등의 곰팡이병과 응애와 같은 해충에 큰 효과를 볼 수 있다.

달걀노른자 하나에 물을 조금 붓고 믹서기로 잘 푼 후에 식용유(채종유, 해바라기유, 올리브유, 옥수수기름, 콩기름 등)를 표와 같이 넣고 다시 믹서기로 5분 이상 충분히 혼합하여 유액을 만든다. 이렇게 만들어진 난황유를 물 1말(20L)에 타서 골고루 뿌려준다.

### 물 1말(20L)에 필요한 난황유 농도

| 재료 | 예방 목적(0.3%) | 치료 목적(0.5%) |
|---|---|---|
| 식용유 | 60mL | 100mL |
| 달걀노른자 | 1개(약 15mL) | 1개(약 15mL) |

예방 목적으로는 7~14일 간격, 치료 목적으로는 5~7일 간격으로 2~3회 살포하면 되는데, 식물체에 직접 닿지 않으면 효과가 없으므로, 농약 사용량의 2배 정도로 충분히 골고루 뿌려주어야 한다.

오이, 상추 등의 흰가루병, 노균병 등에 효과가 뛰어나며, 상추, 토마토 등의 진딧물, 온실가루이 등에도 어느 정도 효과가 있다.

### 나. 식초

식초는 사람의 건강에도 좋지만 식물 곰팡이류의 예방과 방제에도 효과가 있다. 일반 식초를 물 20배로 희석하여 병이 나기 쉬운 시기에 분무기로 뿌려준다.

### 다. 현미식초, 비누액

물 2L에 현미식초 2cc와 천연물비누 3cc를 섞어서 엽면 시비하면 충해 방제에 매우 뛰어나다. 특히 토마토에 많은 피해를 주는 잎굴파리와 온실가루이의 방제에 좋다. 잎굴파리는 1주일 간격으로 2회 이상, 온실가루이는 3회 이상 살포해야 90% 이상의 효과를 볼 수 있다. 온실가루이는 흑설탕 2g 정도를 더 넣어서 주는 것이 좋다. 또한 응애의 방제에도 효과가 있고, 토양 살균효과도 있다.

잎굴파리의 피해

### 라. 우유

우유를 희석하지 않은 채로 맑은 날 오전에 진딧물이 낀 가지에 살포하면 우유가 건조하면서 막이 생겨 진딧물이 질식하여 죽는다. 우유는 신선한 것일수록 효과가 좋으나 오래 두어 좀 상한 것도

온실가루이

괜찮다.

### 마. 마늘액

마늘 한 통을 까서 잘 찧은 후 물 1L에 섞는다. 이를 고운 천으로 걸러서 5배액으로 희석해서 살포하면 살충력은 없지만 벌레를 모여들지 못하게 한다.

### 바. 마늘, 석유액

마늘 80g을 잘 찧은 후 그 액에 석유 2 작은 숟갈을 넣어 24시간 담아둔다. 이 액에 물 1L와 천연 물비누 10cc(또는 비누 10g 녹인 것)를 잘 섞어서 천으로 거른다. 살포할 때는 100배로 희석하여 사용한다. 해충의 성충뿐 아니라 유충 방제에도 효과가 있으며, 병에도 어느 정도 효과 있다.

### 사. 담배 니코틴

담배 10~15개 분량을 까서 필터를 없애고 물 1L에 3시간 정도 담가둔다. 이를 고운 천으로 걸러서 천연비누 5cc(또는 비누 5g 녹인 것)를 섞어 사용한다. 분무기로 뿌리면 되는데, 분무기가 없을 때는 물뿌리개로 뿌려도 좋다. 특히 진딧물에 효과가 있다. 5일이 지나면 효력이 떨어지므로 그 안에 사용해야 한다.

여러 가지 시판 천연 농약
(해충 억제제, 잡초 억제제, 균 억제제)

## 2) 일반 농약

현재 우리나라에서 사용하고 있는 화학 농약은 과거 발암성이 강한 맹독성은 거의 없어진 상태이나, 그래도 독성이 강한 것이 많고 특히 요즘은 잔류독

시판 중인 일반 농약

성이 사회문제화되어 있다. 따라서 병이 갑자기 심해졌거나, 벌레들이 많아져서 부득이 농약을 사용해야 한다면 사용법에 따라 적기에 적당량을 써야 한다. 대개 살충제와 살균제로 나뉘고, 식물호르몬을 제품으로 만든 식물생장 조정제도 농약으로 구분한다.

농약은 저독성이라고 해도 인체에 닿으면 위험하므로 절대 어린이의손에 닿지 않는 곳에 보관하고, 어른도 다른 약품들과 혼동하지 않도록 따로 보관함을 만들어 잠가놓는 것이 좋다(집 안이나 베란다에서 사용하려면 상당한 주의를 요한다).

일단 개봉한 뒤에는 오래 두면 약효가 떨어지고 좋지 않으므로, 가정용으로는 원예종묘상이나 대형 마트 같은 곳에서 파는 가정원예용 약제를 구입하면 소형 봉지로 구분되어 있어 한 번에 하나씩 쓸 수 있다. 사용할 때는 포장지에 안내된 대로 물에 희석하면 되고, 희석 배수가 표기되어 있다면 다음 표에 따라 희석하여 사용한다.

### 잔류 독성

살포 농약은 시간이 지나면서 증발 또는 분해되는데, 자연환경에 존재하거나 식물체 또는 식품 원료에 남아있는 것을 잔류농약이라 한다.

잔류독성이란 농작물, 토양 또는 하천에 잔류된 농약 성분이 사람이나 동식물에 해로운 작용을 하는 성질을 말한다. 이러한 잔류농약에 의한 식품 및 환경오염이 사회적인 문제가 됨에 따라 세계 각국에서 농약의 잔류독성에 관한 규제를 강화하고 있다. 작물잔류성, 토양잔류성 및 수질오염성으로 구분되며, 별도로 물고기에 대한 독성을 어독성이라 한다.

그중 인체에 관계되는 작물의 잔류허용 기준이란 식품 중에 함유되어 있는 농약 및 유독 대사물질의 양이 사람이 일생 동안 매일 그 식품을 섭취해도 전혀 해가 없는 수준을 말하며 이를 법으로 정하여 규제하는 것이다. 통상 농약 사용범위(농도, 양, 횟수 및 시기) 내에서만 사용하면 잔류허용 기준을 밑돌게 된다.

### 용액을 만들 때 희석 배율과 약제의 사용량(cc와 mL는 같은 양)

| 희석배수 | 물 1L에 대한 약제의 cc (또는 g) | 물 2mL에 대한 약제의 cc (또는 g) | 물 5L에 대한 약제의 cc (또는 g) |
|---|---|---|---|
| 50배 | 20.0 | 40.0 | 100.0 |
| 100배 | 10.0 | 20.0 | 50.0 |
| 200배 | 5.0 | 10.0 | 25.0 |
| 400배 | 2.5 | 5.0 | 12.5 |
| 500배 | 2.0 | 4.0 | 10.0 |
| 1,000배 | 1.0 | 2.0 | 5.0 |
| 1,500배 | 0.7 | 1.3 | 3.4 |
| 2,000배 | 0.5 | 1.0 | 2.5 |
| 2,500배 | 0.4 | 0.8 | 2.0 |
| 3,000배 | 0.3 | 0.7 | 1.7 |

## 가. 살충제

과거에는 맹독성이나 고독성인 독제 농약이 많았으나 최근에는 거의 사용하지 않고, 접촉제와 침투성 살충제가 대부분이며 미생물 약제가 다수 개발되고 있다.

① 접촉제: 약제가 벌레의 피부에 묻으면 살충력이 나타나는 직접 접촉제(니코틴제, 기계유제)와 약제가 해충에 접촉됐을 때뿐만 아니라, 뿌린 후에도 해충이 접촉하면 죽게 하는 잔효성 접촉제(파라치온 등)가 있다.

② 침투성 살충제: 줄기나 잎뿐 아니라 뿌리(토양)에 처리해도 약제가 식물체에 침투하여 즙액이 이동함에 따라 식물체 전체에 퍼짐으로써 해충이 식물체에 해를 입힐 때 약제 성분이 벌레의 몸속으로 들어가 죽게 만드는 약제이다. 진딧물

**침투성 살충제**

약제에 많다.
③ 미생물 약제: 최근에 개발된 미생물 농약은 BT라는 미생물을 이용하여 해충이 먹으면 소화관 내에서 독소가 활성화되어 살충력이 생긴다. 생물 환경에 미치는 영향이 적은 생물학적 살충제이다.
④ 기타: 곤충 내의 생장호르몬 유사체를 이용하여 특정 해충에만 작용하고 익충 및 천적에 대한 해가 적고 인체에도 비교적 안전한 호르몬제, 밀폐된 장소에서 준비된 약제에 불을 붙여 가스를 이용하는 훈연제(훈증제) 등이 있다.

## 채소에 생기는 주요 해충과 방제 농약

| 해 충 | 사용 품목명(상품명) | 대상 작물 | 독 성 |
|---|---|---|---|
| 진딧물 | 이미다클로프리드 (코니도, 베테랑, 노다지) | 수화제: 고추, 감자, 오이, 들깨, 각종 엽채류 | 저독성, 침투성 |
| | | 입 제: 수박, 감자, 고추, 참외 | |
| | 피메트로진(체스) | 수화제: 고추, 오이, 들깨, 각종 엽채류 | |
| | | 입 제: 고추, 수박, 오이 | |
| | 아시트(오트란) | 수화제: 배추 | |
| | 비펜스린(타스타) | 수화제: 수박, 아욱, 근대 | 저독성, 접촉독 |
| | | 유 제: 배추, 고추 | |
| | 포리스(싱싱) | 유 제: 고추 | |
| | 프로펜(세레크론) | 유 제: 배추, 고추, 피망, 감자 | |
| | 피리모(길목) | 수화제: 감자 | 보통독성, 접촉독 |
| | 알파스린(화스탁) | 유 제: 고추, 피망, 배추, 들깨, 엔디브, 쑥갓 | |
| 온실가루이 | 피리프록시펜(신기루) | 유 제: 토마토, 오이, 가지 | 저독성, 호르몬제 |
| | 펜프로(다니톨) | 과립 훈연제: 토마토 | 저독성, 접촉독 |

| 해 충 | 사용 품목명(상품명) | 대상 작물 | 독 성 |
|---|---|---|---|
| 총채벌레 | 스피노사드(부메랑) | 수화제: 오이, 감자, 쪽파, 상추, 가지 | 저독성, 접촉독 |
| | 에마멕틴벤조에이트(에이팜) | 유 제: 오이, 감자, 고추, 피망, 가지, 상추 | |
| | 클로르훼나피르(렘페이지) | 유 제: 오이, 가지 | |
| | 치아메톡삼(아타라) | 입상 수화제: 오이, 고추, 피망, 감자 | 저독성, 침투성 |
| 배추흰나비 좀나방 명나방 | 비티(슈리사이드, 그물망) | 수화제: 배추, 오이, 쪽파, 부추 | 저독성, 미생물제 |
| | 비티아이자와이(쎈타리) | 입상 수화제: 배추, 오이, 쪽파, 부추, 쑥갓, 브로콜리 | |
| | 비티쿠르스타키(엠페릴) | 액상 수화제: 배추 | |
| | 다수진(다이아톤) | 분 제: 배추 | 저독성, 접촉독 |
| | 할로스린(주렁) | 수화제: 고추, 배추 | |
| | 피레스(아리보, 피레탄) | 유 제: 배추 | 보통독성, 접촉독 |
| | 그로포(더스반) | 수화제: 배추, 양배추 | |
| 굴파리 | 칼탑(파단, 쎄다) | 입 제: 토마토 | 저독성, 침투성 |
| | 칼탑(청룡도) | 수용성 입제: 감자 | 2급 보통독성 |
| | 카보(후라단, 큐라텔, 카보단) | 입 제: 파 | 보통독성, 침투성 |
| 선충 | 에토프(모캡, 에스캅) | 입 제: 고추, 마늘 | 저독성, 침투성 |
| | 카보(후라단, 큐라텔, 카보단) | 입 제: 당근 | 보통독성, 침투성 |

### 농약의 각종 형태

- 수화제: 고운 분말로 물에 타서 쓰는 약제, 물에 타기 전에 바람에 잘 날리는 것이 흠이다.
- 유제: 많은 양의 물에 희석하면 희뿌연 유탁액(乳濁液)이 되는 액체 상태의 약제
- 액상 수화제: 액체 상태로 물에 희석하여 쓰는 약제

- 입상 수화제: 수화제와 같이 물에 타서 쓰는 것이나, 가루가 과립형으로 바람에 날리지 않는다. 수용성 입제도 비슷한 성질이다.
- 입제: 과립형으로 토양에 그냥 뿌려주면 물에 녹아 뿌리를 통해 흡수되어 식물체 전체로 퍼져 살충 작용을 하는 약제
- 분제: 고운 분말인데 물에 타지 않고 토양이나 식물체에 직접 뿌려주는 약제

**충해 입은 모습**

진딧물 / 온실가루이 / 총채벌레

굴파리 / 선충 / 나방

## 나. 살균제

병균이 식물체에 침입하는 것을 막아주는 보호살균제(석회보르도액, 구리 분제, 황)와 병균의 침입은 물론 식물체에 침입해 있는 병균을 죽이는 침투성 살균제가 있다. 근래에는 침투성 살균제에 보호살균제의 역할을 첨가한 약제

가 많다.

식물의 병은 크게 세 가지로 나뉜다. 가장 흔한 병이 곰팡이(진균, fungi)병이고, 세균(bacteria)병과 바이러스(virus)병이 있다. 바이러스병은 주로 진딧물과 같은 해충에 의하여 감염되므로 해충을 방제하는 것이 바이러스 방제가 되는 것이다. 곰팡이균과 세균을 죽이는 약제는 각자 성질이 전혀 다른 것이므로 혼동해서 잘못 사용하면 전혀 효과가 없다.

## 병균별 병해의 특성

- 곰팡이병: 잘 보면 곰팡이의 일부인 회색 혹은 흰색의 실 모양의 균사나 가루 모양의 포자, 쥐똥 모양의 균핵, 핑크색의 점물질 등을 볼 수 있는 경우가 많다. 이런 것들을 볼 수 없어도 곰팡이에 의한 경우는 대부분 물러 썩는 경우는 드물고, 잎이나 줄기에 생긴 병 무늬의 형태가 일정한 것이 많다. 썩을 때도 말라 썩는 경우가 흔하다.
- 세균병: 대부분 물러 썩거나, 병의 무늬가 물에 데친 것 같이 생기고 불규칙한 모양을 보인다. 병든 부위에서는 고약한 냄새가 나고, 공기 중 습도가 높을 때는 병든 부위에서 고름과 같은 점액이 나오기도 한다. 심해져서 말라 죽게 된 부위에서는 곰팡이병과의 구분이 어렵다.

세균에 의해 채소에 생기는 병은 5~6가지에 불과하며, 대부분 30도 이상의 고온을 좋아하지만 건조에는 매우 약하여, 습도가 높으면 세균병이 번지게 된다.

- 바이러스병: 물러 썩거나 물에 데친 것 같은 병 증세는 없고, 주로 잎에 황갈색 반점들로 인하여 모자이크 모양이 나타나고 쭈그러들며, 과실도 기형으로 쭈그러드는 현상이 나타난다.

## 채소의 주요 곰팡이병과 살균제

| 병 이름 | 사용 품목명(상품명) | 대상 작물 | 독 성 |
|---|---|---|---|
| 모잘록병 | 에디졸(안타) | 유 제: 오이 | 저독성, 토양살균 |
| | 에디졸 지오판(가지란) | 수화제: 고추, 오이 | |
| | 다찌밀(다찌에이스) | 수화제: 고추 | |
| 잿빛 곰팡이병 | 프로파(스미렉스) | 수화제: 딸기, 오이, 토마토, 고추, 피망, 부추 | 저독성, 예방·치료 |
| | 지오판(톱신엠) | 수화제: 딸기, 토마토, 부추 | 저독성, 보호살균 |
| | 반졸 지오판(마니나) | 수화제: 딸기 | 저독성, 예방·치료 |
| | 포리옥신 | 수화제: 고추, 들깨, 상추, 쪽파 | |
| 흰가루병 | 비타놀(바이코) | 수화제: 오이, 참외, 가지, 단호박, 우엉 | 저독성, 예방·치료 |
| | 훼나리 | 유제: 오이, 수박, 참외, 딸기, 가지, 우엉 | |
| | 헥사코나졸(라피드) | 액상수화제: 수박, 참외, 오이, 취나물 | |
| 노균병 | 쿠퍼(코사이드) | 수화제: 오이, 배추 | 저독성, 보호살균 |
| | 만코지(다이센엠-45) | 수화제: 양파 | |
| | 메타실(리도밀) | 수화제: 배추 | 저독성, 예방·치료 |
| | 포세칠엠(알리에테) | 수화제: 배추, 오이, 참외 | |
| 탄저병 | 타로닐(다코닐) | 수화제: 고추, 피망 | 저독성, 예방·치료 |
| | 가벤다 가스신(고추탄) | 수화제: 고추, 피망, 수박 | |
| | 만코지(다이센엠-45) | 수화제: 수박 | 저독성, 보호살균 |
| | 베노밀(벤레이트) | 수화제: 수박, 고추 | |
| | 지오판(톱신엠) | 수화제: 고추, 피망 | |
| 역병 | 파모(프리엔) | 액 제: 고추, 피망 | 저독성, 예방·치료 |
| | 메타실엠(리도밀엠지) | 수화제: 고추, 감자 | |
| 잎곰팡이병 | 프로피(안트라콜) | 수화제: 토마토 | 저독성, 보호살균 |
| | 포리옥신(더마니) | 수용제(입상): 토마토 | 저독성, 예방·치료 |
| 균핵병 | 베노밀(벤레이트) | 수화제: 상추 | 저독성, 보호살균 |
| | 프로파(스미렉스) | 수화제: 유채, 상추 | 저독성, 예방·치료 |

## 병에 걸린 모습

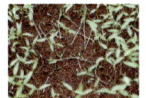
모잘록병

잿빛곰팡이병

흰가루병

노균병

탄저병

역병

잎곰팡이병

균핵병

무름병

반점세균병

## 채소의 주요 세균병과 살균제

| 병 이름 | 사용 품목명(상품명) | 대상 작물 | 독 성 |
|---|---|---|---|
| 무름병 | 농용신(아그렙토, 부라마이신) | 수화제: 배추 등 | 저독성, 항생제 |
| | 옥쏘리닉에시드(일품) | 수화제: 배추 | 저독성, 침투성 |
| | 유기폰(요네폰) | 수화제: 배추 | 저독성, 보호살균 |
| 반점세균병 | 가스란 | 수화제: 고추 등 | 저독성, 예방·치료 |
| | 포리동(더부러) | 수화제: 고추 | |
| | 쿠퍼(코사이드) | 수화제: 고추 | 저독성, 보호살균 |

## 5 기타 환경

### 1) 온도

작물마다 가장 잘 자랄 수 있는 온도가 있는데 이를 생육적온이라고 한다. 그런데 생육적온에는 기온과 지온이 다르다. 대체로 지온보다는 기온이 햇빛이나 습도에 따라 심하게 변한다.

적당한 온도에서 잘 자라고 있는 딸기

과실채소 작물이 대개 잎채소보다 높은 온도를 좋아하는데, 딸기만은 예외로 저온성 채소이다. 상추, 마늘, 양파와 같은 저온성 채소는 온도가 높으면 휴면을 한다.

다른 잎뿌리채소에 있어서도 온도가 너무 높으면 섬유질 함량을 너무 많게 하고 성분 함량은 낮추어 전체적으로 품질이 떨어지게 된다.

> **하루 중 온도 변화**
>
> 작물의 생육에 있어서 하루 중 온도의 변화는 매우 중요한 의미를 갖는다. 낮에는 높은 온도로 광합성을 촉진시키고, 밤에는 낮은 온도로 호흡작용을 억제시킴으로써 건전한 생육을 도모할 수 있다. 즉 생육에 필요한 유기 영양분을 낮에 만드는데, 밤에도 온도가 높으면 과도한 호흡으로 애써 만든 영양분을 소모해버린다.

## 과채류 작물의 생육적온(단위 ℃)

| 채소 이름 | 주간 최적온도 | 야간 기온 | | 지하부 최적온도 |
| --- | --- | --- | --- | --- |
| | | 최적온도 | 최저 한계온도 | |
| 토마토 | 25~28 | 13~18 | 10 | 15~18 |
| 가지 | 23~28 | 13~18 | 10 | 18~20 |
| 고추 | 25~30 | 18~20 | 12 | 18~20 |
| 오이 | 23~28 | 12~15 | 10 | 18~20 |
| 수박 | 23~28 | 13~18 | 10 | 18~20 |
| 멜론 | 25~30 | 18~20 | 14 | 18~20 |
| 참외 | 25~30 | 15~20 | 12 | 18~20 |
| 호박 | 18~23 | 10~15 | 8 | 15~18 |
| 딸기 | 18~23 | 5~7 | 3 | 15~18 |

## 엽근채류 작물의 생육적온(단위 ℃)

| 채소 이름 | 최고 한계온도 | 최적온도 | 최저 한계온도 |
| --- | --- | --- | --- |
| 셀러리 | 23 | 15~20 | 5 |
| 배추 | 23 | 13~18 | 5 |
| 무 | 25 | 15~20 | 8 |
| 시금치 | 25 | 15~20 | 8 |
| 쑥갓 | 25 | 15~20 | 8 |
| 상추 | 25 | 15~20 | 8 |

## 2) 빛

### 가. 자연광

햇빛은 우리 인간에게뿐만 아니라 식물에게도 아주 중요한 생산 재료이다. 빛에너지는 광합성을 일으키는 재료이고, 낮의 길이는 식물이 계절의 변화를 알게 하는 작용을 한다.

### 나. 인공광

작물을 키울 때 자연광만으로는 광량이 부족할 때 인공광원으로 부족한 광량을 보충하여 주는 것을 보광이라고 한다. 인공광원은 인간의 활동을 돕기 위하여 개발, 발전되었기 때문에 램프의 종류, 빛의 출력, 광질 등이 다양하지만 광원이나 램프의 종류에 따라 작물의 자라는 반응이 다르다.

> **일장(낮의 길이)과 개화**
>
> 낮의 길이가 길 때 꽃이 피는 식물을 장일식물이라 하고, 낮이 짧을 때 꽃이 피는 것을 단일식물이라고 한다. 낮의 길이와 상관없이 아무 때나 꽃이 피면 중일식물이라고 하는데, 다행히도 고추, 가지, 토마토, 오이, 호박과 같은 과실채소들은 이에 속한다.

인공광은 설치비용이 많이 들고 전력비용의 부담이 크기 때문에 소면적의 광합성 보광이나 일장 조절을 통한 생식생장 및 휴면 제어에 이용되고 있는 정도이다.

① 백열등: 총 방사 에너지 중 생리적 유효방사율은 10~20%에 불과하지만 등적색광이 많기 때문에 광합성에 유리하고 장일식물에 효과가 크다. 그러나 청자색광이 거의 없고 자외선이 없는 데 반하여 원적색광이 많이 들어 있어 많은 식물의 신장을 촉진하는 작용을 한다. 채소를 집 안에서 불을 밝혀 키우면 웃자랄 수 있다.

가격이 저렴하고 안정기 등 특수한 기구를 필요로 하지 않으며, 장일 효과가 크기 때문에 일장 조절용이나 광합성 촉진용으로서 단독으로 사용한다. 또한 적당한 형광램프와 조합하여 보조 조명으로 널리 사용된다.

② 형광등: 식물 조명용 형광램프는 백열등에 비해 소비전력당 발광효율이 4배에 달하고 수명도 10배나 길다. 또한 식물 육성용으로 광질이 다양하여 선택하기 용이하고, 웃자라지 않으며, 적외선이 적기 때문에 식물의 체온을 올리지 않고 램프의 표면 온도가 낮기 때문에 식물에 접근하여 사용해도 지장이 없다.

그러나 일반 형광램프는 용적당 출력이 적고 점등기구가 길어서 일사를 차단하거나 작업하기에 불편한 단점이 있다.

형광등으로 식물을 비추고 있는 모습

형광램프는 목적에 따라 분광에너지의 적당한 종류를 선택하여 사용할 수 있기 때문에 널리 사용된다. 형광등은 형광물질의 종류나 조합에 따라 여러 가지 분광 특성을 지니는 광원을 만들수 있으며, 그중 식물 육성용 형광등은 식물의 광합성에 효율이 높은 청색광과 적색광의 방사량이 많은 램프이다.

### 웃자람(도장)과 조명

웃자람이란 식물의 줄기나 잎이 쓸데없이 길고 연약하게 자라는 것을 말한다. 대개 지나치게 많은 비료를 주거나, 고온, 약광, 다습 조건에서 나타나며, 웃자라게 되면 꽃눈이 잘 생기지 않게 되므로 과실이 늦게 열리거나 빈약하게 된다. 야간 조명의 피해는 메주콩 같은 단일식물에 있어서 단일조건이 깨어지게 되어 개화와 결실에 지장을 주는 경우가 많고, 그 이외의 채소 작물들은 단일식물이 거의 없어서 야간 조명 때문에 피해를 보는 경우는 없는 편이다.

단지 빛이 부족한 실내에서 백열등으로 빛을 보충해줄 경우에는 형광등과 달리 청색광이 부족하기 때문에 작물이 웃자랄 수 있다.

③ 기타: 수은등은 발광효율이 일반 형광등보다 낮지만, 백열등보다 훨씬 높아서 적색 파장이 강한 등과 조합하여 넓은 면적의 조명에 적합하다. 메탈할라이드등은 적색광을 포함하여 파장 간 균형이 이루어진 등으로 식물 재배용으로 적합하다.

그러나 가격이 수은등의 2배나 되고 전용 안정기를 설치하여야 하기 때문에 설치비도 많이 든다. 고압 나트륨등은 현재 시판 중인 전등 중에서 출력효율이 가장 높고 광합성 효과가 가장 높은 파장을 포함하고 있지만 적색광이 거의 없기 때문에 식물이 웃자랄 우려가 있다.

보조 광원인 백열등의 대용으로 넓은 면적에 적은 등수로 조명이 가능하지만, 안정기 등 설치비가 비싼 것이 흠이다.

### 다. 인공광의 이용

인공광은 단순히 빛이 부족하여 보광을 해주는 경우와 인위적으로 낮의 길이를 길게 하여 단일식물의 개화를 억제하는 일장 조절용이 있다.

① 광합성의 보광: 광합성을 보충하려면 햇빛 비추는 시간을 연장 하거나, 흐린 날 낮에 조명, 또는 밤에 조명해주는 3가지 방법이 있다.

일조 연장은 해 뜨기 전이나, 해진 후에 광합성 또는 생장촉진을 목적으로 조명한다.

주간 조명은 통상 백열전구의 경우에는 $1m^2$(0.3평)당 180W의 출력으로 설치하지만, 출력효율이 높은 형광등은 $1m^2$당 53W의 비교적 낮은 출력으로 설치한다.

② 일장 조절용 조명: 어떤 식물은 꽃이 피는 데 낮의 길이가 변화함에 따라 그 주기성을 인식하여 꽃눈을 맺게 되는 성질을 갖고 있다. 이러한 식물의 광주기성이 발견된 이래 인공조명으로 장일 조건을 만들어서 단일식

물은 꽃피는 것을 억제하고, 장일식물은 꽃이 맺는 것을 촉진하여 계절과 관계없이 개화할 수 있게 되었는데, 이러한 인공조명을 전조라고 부른다. 전조에는 백열등이 좋으며 비교적 낮은 수십 Lux의 광도로도 효과적이다. 보통 1㎡(0.3평)당 10W 정도만 되게 설치해도 된다.

채소에서는 주로 깻잎을 재배할 때 가을이나 겨울에는 낮의 길이가 짧아져서 꽃이 피어버리고 더 이상 자라지 않게 되므로 이를 방지하기 위하여 전조 재배를 한다. 조명 시간은 심야에 3~4시간을 연속적으로 하거나, 1시간에 10~20분씩 3~4번 반복하면 된다.

part 3

# 기본적인
# **관리 요령**

# 1 흙에서 키우기

## 1) 밭 만들기

흙의 상태를 모래알처럼 따로 노는 단립 상태로부터 폭신폭신한 입단 상태로 만들기 위하여 밭을 갈아줘야 한다. 물론 갈기 전에 퇴비와 석회, 그리고 필요에 따라 토양 개량제를 넣고 작물에 따라 화학비료도 첨가할 수 있다. 작물에 따라 적당한 폭으로 이랑을 만들되, 높이는 20㎝ 이상은 되어야 비가 왔을 때 과습으로 인한 피해뿐만 아니라 병해까지도 막을 수 있다. 화분이나 용기의 흙도 미리 만들어 놓아야 한다.

## 2) 비료 주기

밑거름은 작물을 심기 2주 전에는 주어야 비료에서 생기는 유해가스의 피해를 피할 수 있다. 10㎡(3평)당 퇴비는 10kg 정도면 충분하나 빽빽하게 심는 작물일수록 30kg까지는 많이 줄수록 좋다.

고토 석회도 밑거름으로 하면 산성 토양의 중화는 물론 칼슘 및 마그네슘 성분까지 보급할 수 있어 좋다. 고토 석회 1.5kg과 용성인비 0.3kg 정도가 밑거름으로 필요한 양이다.

채소 작물을 가꿀 때 질소 성분으로는 주로 요소 비료를 많이 쓰고 칼리 성분으로는 염화칼리(염화칼륨)를 많이 쓰는데, 이 두 성분은 효과가 빨리 나타나는 대신 흙 속에서 빨리 없어지기 때문에 밑거름만 가지고는 부족하다.

특히 과실을 맺어야 하는 작물은 더욱 이들의 웃거름을 필요로 한다. 보통 10㎡당 요소와 염화칼리 100g씩은 밑거름으로 주어야 기본적인 비료량이 충족되며 웃거름으로는 각각 200g 정도를 두세 번에 나눠줘야 한다.

웃거름은 보통 20~30일 간격으로 준다. 과실을 계속 따야 하는 오이, 토마토, 풋고추와 같은 작물은 좀 짧은 간격으로 자주 주되, 웃거름의 양을 좀 더 늘려도 좋다. 웃거름의 양은 처음에는 작물의 크기가 작기 때문에 좀 적은 양으로 하고 작물이 커 감에 따라 점점 양을 늘리되, 그 총량을 10㎡당 200~300g이 되게 맞추면 된다. 요즘에는 물 비료가 많이 나와 있어서 대신 이용하면 좀 더 편하다.

웃거름 주는 위치

### 3) 씨 뿌리기

무와 상추는 중간에 옮겨 심으면 제대로 자라지 못하므로 밭에다 직접 씨를 뿌리지만, 나머지 채소 작물들은 대부분 씨를 뿌려 어린 묘를 가꾼 후에 적당한 크기로 자라면 밭에 옮겨 심게 된다.

파종(사진의 위) 및 복토용 흙

종자의 크기가 작은 것은 산파라고 하여 흩뿌리는 것이 편하고 호박과 같이 종자가 큰 것일수록 점파라고 하여 일정한 간격을 두고 한 알씩 뿌리는 것이 편하다. 그러나 대부분은 조파라고 하여 줄뿌림을 한다. 종자가 싹이 트면 작은 비닐포트에 옮겨 심게 되는데 이렇게 하면 싹이 트지 않은 것은 없애고 심고 또 일정하게 고른 상태로 싹을 틔울 수 있어서 관리하기가 좋다. 집에서 적은 양을 할 때는 처음부터 비닐포트에 씨를 뿌려 모종을 키울 수도 있다.

씨를 뿌리고는 그 종자 두께의 2배에서 3배가량의 높이로 흙을 덮어준 후에 짚으로 덮어주고 물을 주는 것이 가장 좋으나, 짚이 없으면 구멍이 작아

물이 곱게 나오는 물뿌리개로 살살 물을 주고 나서 신문지로 덮어 물이 빨리 마르지 않도록 해준다. 싹이 트는 즉시 신문지나 짚을 걷어서 햇빛을 잘 쐬게 해줘야 모종이 웃자라지 않고 튼튼해진다.

### 4) 모종 키우기

미리 만들어 놓은 상토에 씨를 뿌렸으면 대개 모종을 밭이나 화분에 옮겨 심을 때까지는 별도의 영양분이 필요 없다.

그러나 고추와 같이 긴 기간을 육묘하다 보면 양분이 부족해지는 경우가 있다. 그럴 때는 물비료를 주면 된다. 건조해지면 시들기 전에 물을 주는 것은 필요하다.

**좋은 모종**: 마디 사이가 길지 않아 튼튼하고 병충해가 없어야 한다.

온도 관리는 대부분 생육 적정온도보다 다소 높게 유지하는 것이 좋다. 그러나 밭에 옮겨심기 전 3일 정도는 외기와 비슷

---

### 씨 뿌리는 세 가지 방법

**1. 산파(흩뿌리기)**
아주 작은 종자는 화분의 흙을 평탄하게 고른 후 씨앗을 골고루, 겹치기 않게 살살 뿌려 준다. 그 위에 고운 흙을 살살 뿌려서 씨앗이 보이지 않게 덮는다. 분무기를 이용하여 촉촉하게 물을 뿌려준다.

**2. 조파(줄뿌리기)**
보통 종자들은 줄을 만들어 뿌린다. 1cm 깊이로 판 줄을 5~6cm 간격으로 만든다. 파낸 골을 따라 씨앗을 겹치지 않도록 적당한 간격으로 놓는다. 흙을 1cm 두께로 덮은 후 물줄기가 고운 물뿌리개로 물을 뿌린다.

**3. 점파**
호박과 같은 굵은 씨만 점점이 파종한다. 20cm 정도의 간격으로 1cm 깊이의 구멍을 판다. 모판을 만들었을 때는 한 알씩 넣으면 되고, 직접 밭에 씨를 뿌릴 때는 한 구멍에 두세 알은 넣어야 나중에 비는 구멍을 막을 수 있다. 흙으로 덮고 물을 뿌려준다.

한 좀 낮은 온도로 유지하여 모종을 단련시키는 것이 옮겨심은 후에 몸살 앓는 것을 방지하는 방법이다.

### 5) 옮겨심기

옮겨심기 전날 모종에 물을 충분히 주어 다음 날 비닐포트를 빼낼 때 뿌리 주변의 흙이 떨어지지 않게 준비해 놓는다. 작물에 따라 정해진 간격을 맞추어 구덩이를 넉넉하게 파고 모종을 옮겨 심는다.

너무 깊게 심으면 줄기 부분에서 새 뿌리가 나와 활착이 늦고, 얕게 심으면 땅 표면에 뿌리가 모여 건조의 해를 받게 되므로 본래 포트에서의 높이대로 맞춰 심어야 한다.

심고 나서는 모종 주위로 지름 15㎝ 정도 되게 동그랗게 구덩이를 파고 물을 넘치지 않게 준다. 물이 스며들면 파낸 흙으로 다시 덮어주어야 물이 쉽게 마르지 않고 오래 간다. 비닐을 씌어주면 물이 빨리 증발하지 못해 관리가 훨씬 편하다.

① 검은 비닐: 빛을 통과시키지 못해 지면을 데우지 못하므로 여름에 좋다. 특히 잡초의 씨앗은 광발아성이라고 하여 빛이 없으면 싹이 트지 못하는 성질이 있으므로 검은 비닐 아래에서는 잡초가 나지 않아 좋다.

② 투명 비닐: 빛을 통과시켜 지면을 데워주기 때문에 겨울에 알맞은 피복

> **광발아성**
>
> 보통 씨앗들은 흙 속의 어두운 상태에서 온도와 수분 조건이 적당하게 되면 발아하게 되는 암발아성 종자이나, 잡초나 잔디 씨앗들은 아무리 온도와 수분이 적당한 상태가 되어도 흙 속에 깊이 묻혀서 빛을 받지 못하면 발아하지 못한다.
> 이렇게 발아하는 데 광선이 필요한 종자를 광발아성 종자라고 한다. 채소 중에는 상추 씨앗이 그러한 성질이 있어서 씨를 뿌린 후 모래로 덮어주면 발아가 잘되나, 요즈음의 개량된 품종들은 어두운 상태에서도 웬만큼 발아가 잘된다.

재료이다.

### 6) 물 주기

물을 너무 많이 주면 웃자라서 병이 생기기 쉬워지고 부족하면 굳어져서 잘 자라지 못한다. 이론적으로 물 주는 양을 따지는 것은 어렵고, 저녁때 상토 표면이 뽀얗게 말라 있으면 물을 줄 때가 된 것이라고 보면 된다.

물은 조금씩 자주 주는 것은 좋지 않고 한 번에 뿌리 밑까지 젖도록 충분히 주는 것이 바람직하다. 추운 때는 찬물을 주면 작물이 스트레스를 받으므로 20℃ 정도의 물을 주어야 한다.

### 7) 병해충 막기

온도가 높고 수분이 많거나, 일조량이 부족한 경우, 식물체가 번잡하여 바람이 잘 안 통할 때 지상부에 병해충이 많이 생긴다. 또 밭에서 물이 잘 빠지지 않을 경우나 산성 토양일 경우에 뿌리 쪽을 통하여 병해충이 생기기 쉽다.

① 병에 강한 품종: 씨앗을 고를 때 종묘상에 문의하여 결정한다.

② 적기 재배: 재배 적기에 건강하게 키우면 아무래도 병해충이 덜 생긴다.

③ 통풍: 포기 사이가 서로 겹치지 않도록 이랑 폭을 여유 있게 한다. 베란다의 경우에는 창문을 열어 환기시켜 준다.

④ 연작 회피: 같은 종류의 채소를 같은 밭에서 연속적으로 키우면 토양을 통해 생기는 병이 옮을 위험성이 있다. 화분 등의 용기를 이용해도 같은 흙을 계속 쓰면 토양에서 병이 전염될 수 있다.

⑤ 배수 철저: 비가 와도 물이 고이지 않도록 배수구를 확실히 만든다.

⑥ 산성 토양의 개선: 산성 토양은 석회를 뿌려 중화시킨다.

⑦ 균형 시비: 인산, 칼륨 등의 균형이 맞게 비료를 선택한다.

## 2 베란다 수경재배

### 1) 수경재배의 특징

- 수경재배기에서는 채소를 흙 없이 가정의 베란다나 온실에서 쉽게 재배하여 흙에서보다 1.5배의 성장속도와 2배의 수확량을 얻을 수 있다.
- 흙에서 생기는 기생충이 없고 농약을 주지 않으므로 100% 무공해 채소를 얻을 수 있다.
- 식물이 자랄 수 있는 5가지 조건(햇빛, 공기, 물, 비료, 온도)만 갖추어주면 오랫동안 수확이 가능하다. (엽채류는 꽃이 필 때까지 계속 수확하면 됨)
- 수중모터에 의해 산소와 같이 물이 순환됨으로 식물생육에 최상의 조건을 갖추게 하므로, 어린이 생태 교육에 좋을 뿐 아니라 실내 환경을 쾌적하게 해 준다.

가화텍(gafatec) 가정용 수경재배기

## 수경재배기 각 부의 명칭

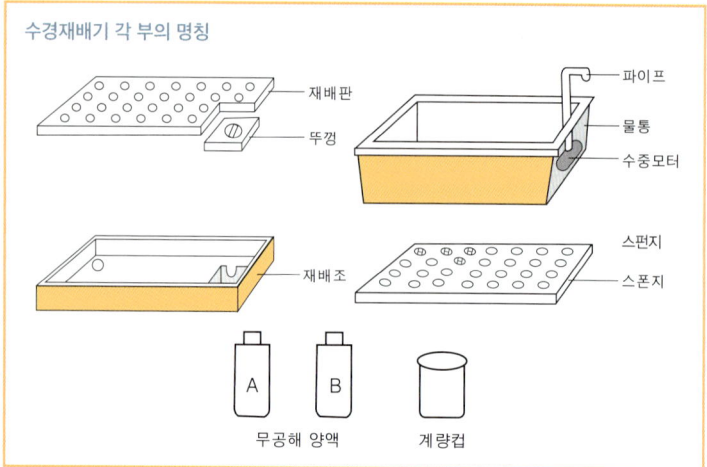

## 2) 수경재배 방법

### 가. 준비 과정

- 수경재배기는 햇볕이 잘 드는 베란다에 설치한다.
- 스펀지를 재배판에서 분리한다. (과거에는 스펀지 대신 솜으로 썼으나, 스펀지 제품이 나온 뒤에는 편리하고 값이 싸서 스펀지만 쓰고 솜은 쓰지 않게 되었다.)
- 재배할 채소 씨앗이나 모종을 준비한다.

### 나. 씨앗 심기

- 스펀지 가운데에 H자형 속으로 씨앗이 보이지 않도록 3~5개 정도 심는다.

- 씨앗이 심어진 스펀지를 공기가 빠지도록 물에 충분히 적신 후(물 속에서 눌러주고 펴주고를 반복하면 됨) 재배판 구멍에 끼운다.
- 씨앗을 다 심은 후 싹이 틀 때까지 신문지를 덮어준다.

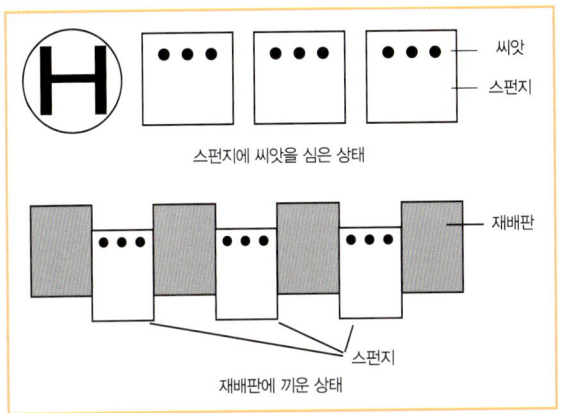

### 다. 모종으로 심기

- 각종 채소 모종을 재배판 구멍에 맞게 준비한다.
- 모종 뿌리의 흙을 털어내고 물로 깨끗이 씻어준다. (뿌리가 손상되지 않도록 주의)
- 스펀지를 가위를 이용하여 수직으로 자른 후 모종을 감싼 후 재배판에 심는다. (모종을 심을 때 겉잎을 뜯어준다.)
- 모종으로 재배하면 씨앗보다 10~15일 정도 수확을 빨리 할 수 있어 좋다.

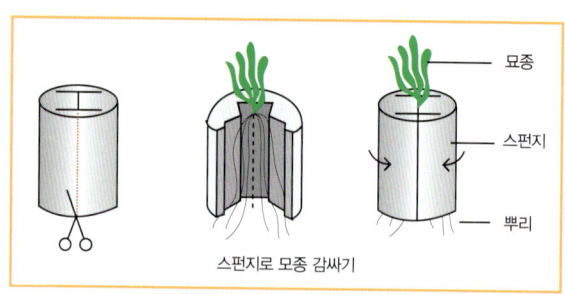

스펀지로 모종 감싸기

### 라. 영양액 주는 방법

- 수경재배용 비료 A, B액에는 식물이 자라는 데 필요한 모든 영양분이 들어 있다.
- 물통에 수돗물을 가득 채운다. (10L)
- 영양액과 물은 1:500의 비율로 타주기 때문에 물 10L에 영양액은 계량컵으로 A액, B액을 각각 20㏄씩 따로 타준다.
- 뚜껑을 덮고 수중모터가 작동하도록 전기를 연결한다. (수중모터는 220V/7W용으로 전기 사용료가 한 달에 1,000원 미만임)

### 마. 싹이 튼 후 솎아내기

- 씨앗에 따라 싹이 트는 기간이 차이가 있으나 보통 5~7일 정도면 싹이 튼다.
- 싹이 튼 후 본 잎이 3~4매쯤 나올 때, 가장 크고 튼튼한 것 한 그루를 남기고 나머지를 솎아낸다. 수경재배는 채소라 해도 장기간 크게 자라므로 한 구멍에 한 그루만 재배한다. (잎채소의 경우 꽃이 필 때까지 계속 수확할 수 있다.)

채소밭(chaesobat): 전기가 없어도 되는 가정용 채소재배기

수경재배기로 가정 베란다에서 키운 각종 채소들(왼쪽-무, 오른쪽-상추)

part 4

# 작물별로 잘 키우는 방법

# 01 토마토

## 1 품종 및 특성

토마토는 페루, 에콰도르 등지의 남미 안데스 지방이 원산지로, 유사 이전에 인디언들에 의해 중앙아메리카로 전해지고 15세기에 콜럼버스에 의해 유럽에 전해지게 되었다. 16세기에는 이탈리아에서 재배되기 시작하였으나 당시에는 관상용이었다. 일본에서도 생식용으로는 제2차 세계대전 이후에야 널리 이용되었다.

### 열과

과채류에서 과실의 껍질이 갈라지는 현상으로, 대개는 과실이 익어갈 때 뿌리로부터 수분이 갑자기 많이 들어오면 과실 내부가 팽창하면서 껍질이 갈라지게 된다. 따라서 비를 막을 수 있도록 비닐로 지붕을 씌워주던가, 밭 전체에 비닐로 피복하면 열과를 줄일 수 있다.

일반 토마토와 방울토마토가 있다.

송이토마토

- 일반 토마토는 요즈음에는 완숙 토마토 품종이 주종을 이루고 있어 색깔이 빨갛게 든 다음에 수확하는 것이 원칙이다. 우리 품종으로는 미숙 출하형으로 '서광', '강육' 등이 있고 완숙형으로 '선샤인' 등이 있다. 완숙형은 아직 일본 품종과 유럽 품종이 많다. 모모타로(桃太郎) 계통의 일본 품종이 맛이 더 있으나, 유럽 품종보다는 재배가 까다로워 열과가 잘 생긴다.

방울토마토

- 방울토마토는 일본에서는 미니토마토라고 불리며 일반 토마토에 비하여 야생성질이 더 강하기 때문에 재배하기는 더 쉽다. 요즘에는 방울토마토보다 알이 굵고 포도처럼 송이째 수확하는 송이토마토도 나오고 있는데 주로 유럽 품종이다.

## 2 잘 가꾸는 방법

### 재배의 요점

- 심었던 흙에 또 심는 연작을 싫어하므로 새로운 배합토를 준비해야 한다.
- 물이 잘 빠지는 토양에 심어야 한다.
- 햇빛을 좋아하므로 빛이 잘 드는 곳에서 키워야 한다.

밭에서 재배되고 있는 토마토

### 1) 묘를 심는 방법

① 배합토 준비: 화분이나 상자에 심을 때는 심기 2~3주 전에 붉은 흙, 퇴비, 고토 석회, 원예용 복합비료를 3:1:1:1로 섞어서 준비해 놓는다.

② 심기
- 심기 전날 준비해 놓은 배합토를 재배 용기에 집어넣고 액체 비료를 충분히 준다.
- 묘를 심고 마른 흙을 살짝 덮어준다. 다음 날 오전에 적당히 물을 준다.
- 지주를 꽂고 끈으로 8자 모양으로 약간 헐렁하게 묶어준다.

### 2) 키우는 방법

- 옮겨심은 후 10~15일에 완전히 뿌리가 활착되면 잎의 색도 좋아진다. 이때 줄기에 달린 잎의 겨드랑이로부터 곁눈(측지)이 왕성하게 자라기

시작하므로 이 곁눈을 모두 제거해야 한다. 아울러 한 줄기(주지)만 계속 위로 키워야 하며, 측지는 빨리 없애줄수록 열매가 크는 데 좋다.
- 일반 토마토의 경우 첫 과실이 탁구공 정도의 크기가 되었을 때 복합비료로 웃거름을 준다.
- 수확을 마치기 1달 전쯤에, 마지막으로 수확될 꽃봉오리들(화방)이 달려 있는 윗부분의 주지를 잘라버린다(적심).

### 3) 수확

일반 토마토의 경우 꽃이 핀 지 40~50일 후면 수확할 수 있으며, 과실에 빨간색이 드는 것을 보아 쉽게 수확 시기를 알 수 있다.

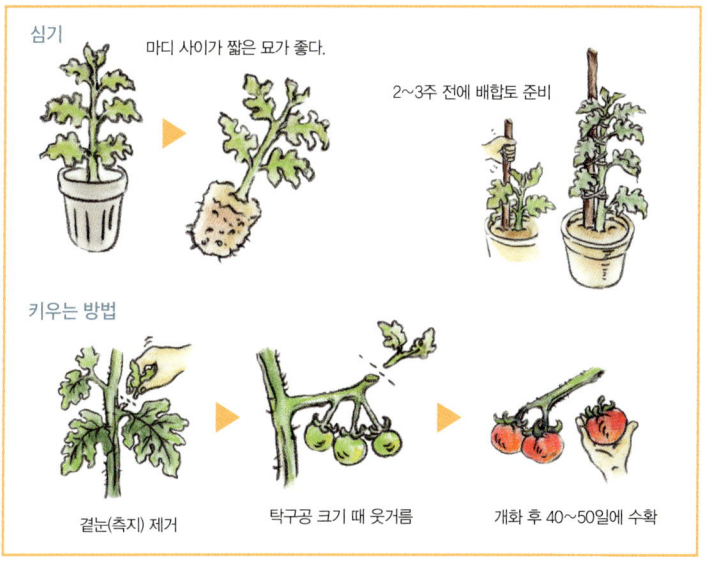

### 텃밭에 심을 때의 주안점

모종을 사다 심는 것이 편리하며, 심기 2주일 전에는 밭에 밑거름을 충분히 주고 가능한 한 깊게 갈아두어야 한다.

모종이 자람에 따라 첫 번째 꽃이 피면 길이 1.8~2m 정도인 지주를 세우는데, 양쪽에 세운 지주를 윗부분에서 끈으로 함께 묶어주면 바람에 잘 쓰러지지 않는다. 본잎이 8~9장 정도 되게 자라면 여러 개의 꽃봉오리가 달린 제

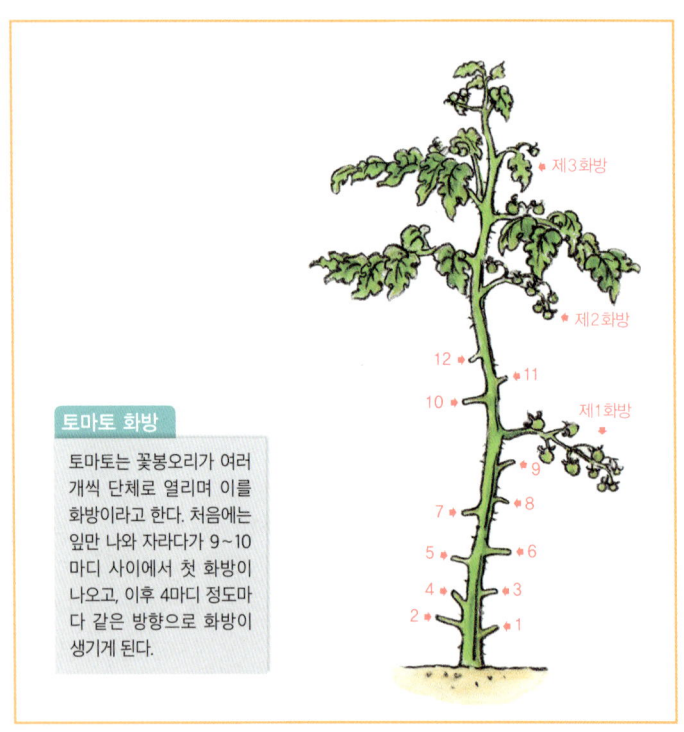

**토마토 화방**

토마토는 꽃봉오리가 여러 개씩 단체로 열리며 이를 화방이라고 한다. 처음에는 잎만 나와 자라다가 9~10마디 사이에서 첫 화방이 나오고, 이후 4마디 정도마다 같은 방향으로 화방이 생기게 된다.

1화방이 줄기에 달린다. 줄기에 화방이 4~5개 정도 달리면, 맨 위의 화방에 달린 꽃봉오리가 개화하기 시작할 무렵에 화방 위의 잎을 2장 남기고 그 윗부분에서 생장점을 제거(적심)한다.

토마토는 기상 조건이나 영양 상태에 따라 꽃이 떨어지기 쉬우므로 토마토톤(tomatotone)과 같은 식물호르몬을 처리하여 착과를 도울 수 있다. 처리 방법은 한 개의 화방에 꽃이 2~3개 피었을 때에 화방 전체에 토마토톤 100배액을 분무기로 뿌리는 것이다.

### 방울토마토

방울토마토는 일반 토마토에 비해 단맛이 강하고 비타민도 두 배나 많이 함유하고 있으며 병에도 대단히 강해 재배가 쉽다. 과도한 습기에는 약하므로 텃밭에서 이랑 높이는 30cm 정도로 높게 한다. 모종을 구입할 때는 잎의 색이 좋고 두터운 것을 골라 심는다. 그러나 큰 키로 무성하게 자라므로 집안에서는 관상용을 겸해 한두 포기 길러보는 것이 좋다. 큰 화분이나 박스로 바꾸어가며 한두 차례 더 옮겨 심어야 한다. 온도가 낮으면 꽃이 떨어지므로 15℃ 이상은 유지해줘야 한다. 5월경에는 꽃이 핀 후 60일, 7월경에는 꽃 핀 후 40일 정도부터 과실이 붉게 물들므로 수확할 수 있다.

## 02 딸기

### 1 품종 및 특성

장미과에 속하는 딸기의 야생종은 지구상에 비교적 널리 분포하고 있으나, 우리가 보통 먹는 대과성 품종이 재배되기 시작한 역사는 영국과 미국을 중심으로 불과 150년 정도밖에 되지 않는다. 우리나라에도 늦게 도입된 품목 중 하나로서, 해방 전까지는 미미하게 재배되었고 1950년대 후반부터 수원에서 상업적으로 재배하기 시작하여 전국적으로 퍼지게 되었다.

우리가 현재 많이 접하는 품종은 대부분 일본 품종이다. 과거에 일반 재배용으로 많이 썼던 '보교조생', 몇 년 전까지도 촉성용으로 많이 썼던 '여봉'이 있고, 현재는 반촉성용인 '육보'와 촉성용인 '장희'가 우리 시장의 80%를 차

| 매향 | 설향 | 레드펄(육보) | 아끼히메(장희) |

지하고 있다. 최근에 우리나라 품종으로 육성된 '매향'이 점차 증가하고 있고, 많은 품종이 계속 개발되고 있는 중이다.

## 2 잘 가꾸는 방법

딸기는 1950년대 후반부터 상업적으로 재배되기 시작하였다.

### 재배의 요점

- 재배 상자(플랜터)를 사용하여 모종부터 키워야 한다.
- 딸기는 특히 모종의 상태에 따라 과실 달리는 것이 좌우된다.
- 흙의 표면이 건조해지면 물을 충분히 준다.
- 웃거름은 겨울철에 월 2회 정도, 화학비료 또는 액비를 준다.

### 1) 모종 기르기

'모농사가 반농사'라는 말이 있는데, 딸기에 있어서는 '모농사가 전부'라고 할 정도로 모종을 키우는 것은 중요하다. 따라서 키워진 모종을 사다가 심는 것이 편리하다.

## 2) 옮겨심기

① **밑거름**: 딸기는 비료에 의해 피해를 받기 쉬우므로 반드시 옮겨심기 15일 전에 밑거름을 뿌려줘야 한다. 퇴비 또는 부엽토를 지면이 보이지 않을 정도로 토양 전체에 뿌리고, 그 위에 1㎡당 200g의 복합비료와 100g의 깻묵을 뿌리고 15㎝ 이상의 깊이로 갈아준다.

② **옮겨 심는 시기**: 보통 10월 중순, 따뜻한 곳에서는 하순에 옮겨 심어야 한다.

③ **심는 작업**: 깊이 심으면 안 되고 잎에 달린 뿌리가 지상부에 나와 있도록 하는 것이 중요하다. 심은 후에는 물을 충분히 주어야 한다.

## 3) 잘 키우는 요령

딸기의 꽃눈은 지난해 가을(해가 짧아지고 온도가 낮아지는 때)에 생겨서 휴면(식물의 겨울잠)에 들어가는데, 반드시 겨울에 저온(5℃ 이하)을 거쳐야만 깨어나서 생장을 하며 꽃대가 자라나게 된다. 겨울철에 너무 추우면 품종에 따라 지장이 있을 수 있으므로 비닐 터널 속에서 관리하면 된다.

3월 상순에서 중순 사이에 이랑의 어깨 부분에 밑거름 양의 3분의 1 정도의 비료를 뿌리고, 이랑 사이에 있는 흙을 괭이로 퍼 올려 비료 위에 덮어준다. 웃거름을 준 후 이랑 전체에 비닐을 덮어준다. 모종에 닿는 부분만을 가위로 절단하여 모종 전체가 비닐 위에 드러나도록 해준다. 비닐은 가능한 한 토양에 밀착시켜 물이 고이지 않도록 한다. 비닐을 토양에 덮어 줌으로써 토양 온도를 높이고 건조를 방지함과 동시에 과실에 흙이 묻는 것을 방지할 수 있다. 검은색 비닐을 사용하면 토양의 온도를 높이는 효과는 떨어지지만 잡초 발생은 막을 수 있다.

## 딸기 묘 심는 방법

흙이 부서지지 않도록 적당히 습기가 있는 상태에서 옮겨 심는다.

1cm 정도의 부엽토를 덮어준다.

1개월 후 웃거름을 준다.

## 후기 관리 및 수확

3월 중순경 다시 웃거름을 준다.

딸기의 수확: 개화 후 1개월 정도면 과실이 익음.

# 03
# 호박

## 1 품종 및 특성

원산지는 멕시코를 중심으로 한 아메리카 대륙이며 우리나라에는 임진왜란 이후인 1600년대 초에 도입되었다.

우리가 재배하는 호박에는 크게 세 가지 계통이 있다. 먼저 우리 주위에 가장 흔하게 심겨졌던 풋호박, 애호박 등의 조선 호박 계통은 '동양종(계) 호박'이며, 1920년대 이후 도입된 밤호박이나 단호박이라 불리는 '서양종(계) 호박'이 있고, 1955년에

> **암꽃**
>
> 호박, 수박, 참외, 오이와 같은 박과 작물은 식물로서는 특이하게 암꽃과 수꽃이 따로 피는 성질을 가지고 있다. 일반적으로 암꽃이 많이 생기는 환경조건은 온도가 상대적으로 낮고 낮의 길이가 짧을 때이며, 또한 어미덩굴(주지)보다는 곁가지(측지)로 갈수록 많이 생긴다.

도입되어 중국 음식에 많이 들어가는 주키니 호박은 '페포종(계) 호박'이다.

이 중 주키니 호박은 맛이 떨어지는 반면, 겨울철 재배에 적합하여 겨울에는 값싸게 많이 나오나, 여름에는 잘 자라지 못하여 오히려 값이 비싸진다.

## 2 잘 가꾸는 방법

### 재배의 요점

- 햇빛이 잘 드는 곳에서 키워야 한다.
- 밑거름과 웃거름을 충분히 주면 더 잘 자란다.
- 병에는 비교적 강한 편이나, 흰가루병과 바이러스에 잘 걸리므로 주의한다.
- 일반적으로 가지 고르기는 필요 없으나, 초기에 순지르기를 하여 곁가지를 키우면 암꽃이 더 많이 피게 되어 과실이 더 달릴 수 있다.

서양계 단밤호박

동양계 애호박

### 1) 모종 기르기

육묘 기간이 짧은 편이므로 분에서 모를 키울 경우에는 파종 후 30일 정도 되어 본잎이 3~4장일 때 정식한다. 육묘 중에 너무 습도가 높으면 웃자랄 우려가 있고, 너무 건조하면 2~3마디의 아들 덩굴이 자라지 않게 되므로 물을 알맞게 주어야 한다. 정식하기 5~7일 전부터는

애호박 줄기

온도를 낮추고 물 주는 양도 줄여서 모종을 경화시켜야 좋다.

중국 음식에 많이 사용되는
페포종(계) 주키니 호박

우리 주위에서 흔히 볼 수 있는
풋호박(농우조생)

## 2) 옮겨심기

① 밑거름: 수확하는 열매의 수가 많으므로 거름은 많이 줄수록 유리하다. 그러나 질소질이 지나치게 되면 오히려 생리적인 낙과 현상으로 오히려 과실이 안 달릴 수 있으므로 주의해야 한다.

② 옮겨 심는 시기: 모종은 5월 상순에서 중순 사이, 지온이 16~17℃가량 될 때 심는 것이 좋다.

③ 심는 작업: 식물체는 옆으로 퍼지는 성질이 있으므로 포기 사이 간격은 약간 넓게 한다. 옮겨 심은 후에는 사방으로 15㎝ 떨어진 곳에 둥글게 원을 그려 도랑을 만들고 충분히 물을 준다.

## 3) 잘 키우는 요령

- 웃거름은 먼저 모종이 심겨진 곳에서 약 30㎝ 되는 곳에 주고, 2회 및 3회는 뿌리가 자람에 따라 점차 먼 곳에 주도록 한다.
- 비교적 병해에 강한 편이나, 습도가 높고 통풍이 잘 안 될 때 '흰가루병'이 잘 생기므로 유의하고, 진딧물이 생기면 '바이러스'에 잘 걸리므

로 진딧물이 붙어살지 못하도록 한다.

### 4) 수확

애호박이나 풋호박은 보통 개화 후 7~10일이면 수확하고, 늙은 호박으로 이용할 때는 개화 후 50~60일 걸린다. 서양 호박인 밤호박 계통은 개화 후 35~40일경에 수확한다.

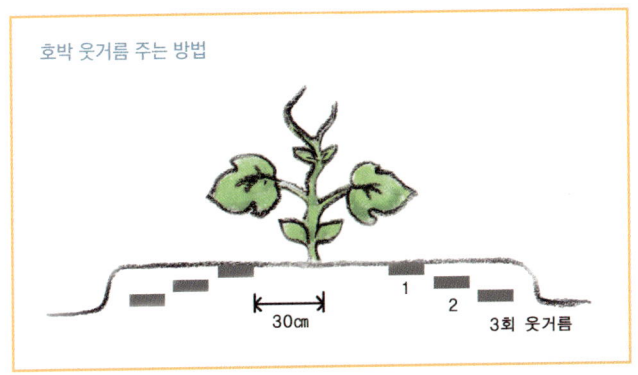

호박 웃거름 주는 방법

## 04 감자

### 1 품종 및 특성

가지과에 속하며, 원산지는 남아메리카 칠레 쪽 안데스 산맥의 고원지대이며, 우리나라에는 1820~1830년대에 전래된 것으로 추정된다. 1년에 한 번 심는 '남작', '수미', 봄·가을에 걸쳐 두 번 심을 수 있는 '대지', '세풍' 등이 있다. 조생종이 재배하기 좋고 대관령에서 보급하는 대표종이고 수량이 많은 '남작'이 무난하다.

감자는 차고 서늘한 기후에서 잘 자란다.

## 2 잘 가꾸는 방법

### 재배의 요점

- 차고 서늘한 기후를 좋아하여 15~20℃에서 가장 잘 자란다. 그러나 서리에는 약하므로 움튼 것이 서리 피해를 받지 않도록 3월 중순경에 심는 것이 좋다.
- 심기 전에 물을 충분히 주고, 자른 부위가 아래로 향하고 눈이 위쪽으로 오게 심는다. 심은 후 6~8㎝ 정도 흙을 덮어준다.
- 심고 보름 정도 지나면 싹이 10㎝ 정도 자라는데, 그중에 충실한 것을 1~2개만 남기고 없애준다.

### 1) 씨감자 준비

- 씨감자 전용이며 병이 없고 충실한 것을 구입하여, 각 조각에 좋은 싹이 골고루 달리도록 자른다. 씨감자의 크기가 달걀만 하면 이등분하고, 그보다 크면 3~4토막을 낸다.
- 휴면 성질이 있어서 심고 잘 안 자랄 수도 있으므로, 휴면이 끝나서 조금 싹이 튼 것이나 눈이 충실한 것을 고른다.

### 2) 아주심기

- 밭에 심을 때는 이랑(두둑) 폭을 60~70㎝로 하여 이랑을 따라 15㎝ 폭으로 흙을 깊이 15㎝ 정도 파낸 후 밑거름(복합비료)을 넣고 7~8㎝ 흙을 덮는다. 그 위에 씨감자를 25㎝ 간격으로 자른 면이 아래로 향하도록 심고 나서 다시 6~8㎝ 정도 흙을 덮고 괭이로 가볍게 눌러준다.
- 재배 상자(플랜터)에 심을 때는 배양토를 잘 넣고 한 상자에 씨감자를 2개 정도 심으면 알맞다.

### 3) 영양 및 물 관리

밑거름은 1㎡당 퇴비 1.5kg과 복합비료 0.3kg 정도 뿌리며, 재배 상자에는 그 반 정도의 양이면 된다. 싹이 땅 위로 15㎝ 정도 자랐을 때와 그 후 보름 뒤에 두 번에 걸쳐서 웃거름을 화학비료로 주어도 되며, 줄기 밑동에서 좀 떨어진 곳에 가볍게 섞어 넣고 물을 주면 된다.

### 4) 수확

심은 지 3개월~3개월 반 정도면 잎과 줄기가 누렇게 변하게 되어 바로 수확해야 하는데, 맑은 날이 계속될 때 수확하는 것이 좋다. 저장하려면 쌓아놓지 말고 그늘에서 1주일 정도 말려 상처를 아물게 한 후 6~8℃에 두면 오래 간다.

## 3 주의 사항

감자를 키울 때 잎에 습한 흑갈색 반점이 생기는 것이 최대의 적인데 곰팡이병인 역병이며, 급속하게 퍼져서 감자의 비대와 저장을 방해할 수 있다. 토마토의 병균과 같으며 20℃ 정도의 서늘한 기후에서 습도가 높을 때 잘 나타나며, 다른 약제의 효과는 별로 없으나 '아인산염'을 구입하여 토양에 주고 잎에도 뿌려주면 효과가 있다.

05
# 콩

## 1 품종 및 특성

흔히 재배하는 콩(대두)의 원산지는 한국을 포함한 동아시아 지역으로 보고 있으며, 우리나라에서는 삼한시대 이전부터 널리 재배되었다. 전 세계적으로 많이 재배하는 중요한 작물이지만, 우리나라에서는 1970년대 이래로 계속해서 급격히 줄어 지금은 많은 양을 수입에 의존하고 있다.

콩과 식물의 공통적인 특성은 종자 내 단백질의 함량이 높고, 꽃의 구조상 주로 자가수분을 하므로 대부분의 품종이 고정종이다. 또 뿌리혹박테리아를 이용해 공기 중의 질소를 이용할 수 있으므로 지력 증진 효과가 뛰어나고 친환경 유기농 재배가 쉽다. 검정콩은 중북부 지역에서는 5월 중하순, 남부 2

모작 지역에서는 6월 상순에 직접 파종하고 9월 말~10월 초에 수확한다. 풋콩과 올콩(조생종)은 4월 중하순에 파종해 8월 중하순경에 수확한다.

## 2 잘 가꾸는 방법

### 1) 밭 만들기

콩은 토질에 대한 적응 폭이 넓지만, 습기에 약하므로 수분이 많은 밭일 경우 이랑의 높이를 10~30㎝로 만든다. 풋콩은 보수력이 있는 토양에서 좋은 콩을 수확할 수 있으므로 건조하기 쉽고 척박한 땅에는 밑거름으로 완숙 퇴비를 준다.

콩밭

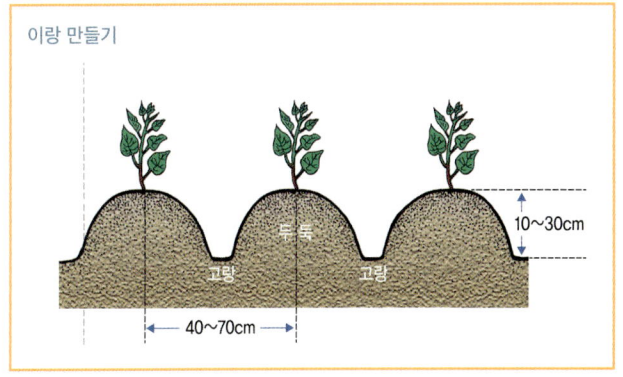

이랑 만들기

## 2) 씨 뿌리기

이랑 폭을 70㎝ 정도로 하고 퇴비를 넣은 후 흙을 덮어준 그 위에 포기 사이를 15~20㎝ 간격으로 한 곳에 콩을 2~3개씩 파종한다. 습기에 약하므로 수분이 많은 밭일 경우 이랑의 높이를 10~30㎝로 만들어서 파종하는 것이 좋다. 심는 깊이는 3㎝ 정도로 한다. 첫 번째 본잎이 펼쳐지기 전에 세 개 중 세력이 좋은 것 두 개를 남기고 솎아준다. 풋콩은 이랑 폭 40㎝, 포기 사이 15㎝로 하여 같은 방법으로 한다. 필요한 종자량은 10㎡당 60~70g이다.

## 3) 순지르기

촘촘하게 심었거나, 거름을 많이 주었거나, 일찍 심고 비가 많이 와서 웃자라 쓰러질 우려가 있으면 잎이 5~7장 나왔을 때 생장점을 잘라주는 순지르기를 한다. 메주콩은 굳이 순지르기를 안 해도 되나, 검정콩은 보통 순지르기를 해서 재배한다.

## 4) 북주기

김매기와 북주기 작업은 꽃 피기 이전에 마치는 것이 좋다. 북주기를 하면 물 빠짐이 좋아지고, 새 뿌리가 많이 생겨 콩 줄기가 쓰러지는 것을 막을 수 있다.

## 5) 거름주기

콩 전용 복합비료(8-8-9)로 10㎡당 보통 밭은 400g, 개간한 밭은 600g을 밭을 갈기 전에 밭 전체에 골고루 뿌려준다. 콩은 산성 토양에 약하고 석회 흡수량이 많으므로 반드시 3년에 한 번은 석회를 주어야 하며, 보통 10㎡당 석회는 2kg, 퇴비는 10~15kg 정도 주면 된다.

수확기의 콩 꼬투리 모습    수확 후 며칠 더 말려서 보관한다.

### 6) 수확과 저장

검정콩은 보통 꽃이 핀 후 60일 전후에 수확한다. 수확 시기가 늦으면 꼬투리가 터져 콩이 나오거나 미라병, 자줏빛무늬병 등이 생길 수 있다. 수확 후에는 2~3일 말린 후 탈곡하고, 수분 함량이 13% 정도 되도록 며칠 더 말린 후 보관한다. 풋콩은 파종기가 같아도 품종에 따라 수확 시기가 다르지만, 대체로 알맹이가 완전히 차고 꼬투리가 녹색에서 황색으로 변하기 직전이 적기이다.

## 3 주의 사항

톱다리개미허리노린재와 같은 노린재류가 큰 피해를 주고 있으나, 농약으로도 잘 죽지 않는다. 따라서 파종 직후에 친환경적으로 개발된 페로몬 트랩을 설치하여 대량으로 유인해 포획하는 것이 피해를 줄이는 방법이다.

## 06
# 파

### 1 품종 및 특성

백합과에 속하여 여러해살이 초본이지만 종자를 이용하는 재배관리상 1~2년생으로 취급하며, 이용 부위에 따라 대파와 잎파로 나뉜다. 대파는 외대파, 줄기파라고도 하며, 재배할 때 북주기를 하여 하얗게 된 잎줄기를 이용하는 것이고, 잎파는 잎과 잎줄기를 함께 이용하는 파로 실파 및 엇파가 속한다.

형태상으로 어린 파(실파), 중간 파(엇파) 및 큰 파(대파)로 시장에 출하되며, 실파와 엇파는 뿌리 부위에서 잎줄기가 많이 갈라지며, 대파는 굵고 긴 줄기를 이용한다.

## 2 잘 가꾸는 방법

시장에서 판매하는 파도 심어 놓으면 무리 없이 잘 자란다. 화분에 심어두고 관리하면 수시로 싱싱한 파를 즐길 수 있다.

파꽃

수확한 파

## 07 상추

### 1 품종 및 특성

이란, 터키 등 지중해 동부 내륙 지방이 원산지로, 고대 이집트 피라미드의 벽화에 작물로서 나타나 있다. 상추는 국화과에 속하며 재배 역사가 길고 자가수정에 의해 품종 대부분이 유지되기 쉬워 많은 재배 변종이 생겨났다.

#### 1) 셀러리상추

잎은 스푼 모양이고 가운데가 크며 백록색이다. 잎의 질은 연하고 품질이 좋아 생식에 적당하다.

## 2) 줄기상추

두꺼운 줄기를 식용으로 하는데 잎은 길고 담록 또는 갈색을 나타낸다. 줄기의 길이는 30~100㎝ 이상으로 자라고 직경은 4㎝ 이상으로 굵어진다. 줄기가 신장함에 따라 잎을 길러서 이용하고 줄기도 껍질을 벗기고 데쳐서 먹거나 생식하거나 절여서 먹는다. 잎은 폭이 좁은 장타원형으로 마주난다.

적축면상추(잎상추)

## 3) 잎상추

우리나라에서 가장 흔한 품종군으로 결구하지 않으며 근출엽은 가장자리가 오글오글하고 적색계와 녹색계가 있다.

청치마상추(잎상추)

## 4) 결구상추

통상추라고도 하며 잎상추에 비하여 생육 기간이 길고, 저온에 견디는 힘도 약하므로 재배 시기와 지역이 잎상추보다 제한을 받는다.

## 2 잘 가꾸는 방법

### 1) 씨 뿌리기

파종에 적당한 온도는 15~20℃이고, 더 낮은 온도에서는 발아가 늦어지며, 30℃ 이상의 고온에서는 발아율이 떨어진다.

대체로 6㎝ 간격으로 줄을 내어 얕은 골을 만들고 종자를 줄 따라 뿌리고 가볍게 복토를 해준다. 파종 후 7일 정도면 싹이 트는데 배게 심어진 곳은 솎아준다.

### 2) 옮겨심기

① **밑거름**: 상추는 생육 기간이 짧고 뿌리도 잘 발달하지 않으므로 밑거름 위주로 질소질 비료가 중심이 되어야 한다.

② **옮겨 심는 시기**: 육묘 기간은 35~45일 정도이며, 본잎이 5~6장 전개되었을 때 정식해야 활착도 잘되고 생육도 양호하게 된다.

③ **심는 작업**: 포기 사이는 25㎝ 정도로 하며, 심기 전에 충분히 물을 주어 뿌리에 흙을 많이 붙여 심는다.

## 3 주의 사항

생육 적온이 15~20℃로, 온도가 높아지면 꽃눈이 생겨 잎의 생장에 치명적이 될 수 있고, 쓴맛이 증가하거나 생리적 장해가 나타나고 병이 많이 생기므로 주의해야 한다.

여름철 더위에 약할 뿐 키우기는 가장 쉬운 채소이다. 마르지 않게 물 관리만 잘하면 크게 자람에 따라 솎아 먹으며 포기 간격을 맞추어 키울 수 있다. 모종을 구입하여 옮겨 심으면 1주일만 지나도 아래쪽 큰 잎부터 따먹을 수 있다.

## 08
# 케일

### 1 품종 및 특성

　배추과에 속하는 케일은 양배추의 야생종에서 개량된 것으로 지중해가 원산지이다. 키는 작은 것이 30~60㎝이고 큰 것은 120㎝까지 된다.

### 2 잘 가꾸는 방법

　별 무리 없이 키우기 쉽다. 비교적 많은 물을 필요로 한다. 충분히 자랐을 때 아래쪽 잎부터 수시로 따서 쌈채소로 이용하면 좋으며, 녹즙으로 이용해도 된다.

케일 씨앗

　다만 베란다에서 재배한 것은 노지에서 재배한 것보다 향이 조금 떨어진다. 큰 화분이나 플랜터에 한두 그루씩 심어 이용해도 된다.

## 09 근대

### 1 품종 및 특성

명아주과에 속하는 유럽 남부 원산의 2년생 초본으로 원줄기는 높이가 1m에 달하고 가지가 많다. 뿌리에서 직접 땅 위에 나온 근생엽은 달걀형 또는 긴 타원형으로 두껍고 연하며, 줄기에서 나온 경생엽은 긴 타원형 또는 버들잎 같은 피침형으로서 끝이 뾰족하다.

더위에 견디는 힘이 아주 강한 잎줄기 채소류이다. 생육 적온은 15~18℃ 정도이지만 고

근대는 프로비타민 A가 많아 어린이 성장에 좋다.

온에서도 생육이 잘되고 내서성, 내건성에도 강하여 한여름에도 재배가 쉬운 편이다. 반면 추위에 견디는 힘은 그렇게 강하지 않다. 종자는 25℃에서 발아가 가장 잘 되지만, 10℃만 넘으면 발아가 가능하다.

## 2 잘 가꾸는 방법

### 재배의 요점
- 4~5월에 파종하는 것이 가장 무난하다.

### 1) 씨 뿌리기

근대의 종자에는 사실상 2~3개의 씨가 들어있어 한개의 종자에서 2~3개의 모종이 자라게 된다. 파종 시기는 4~5월이 가장 무난하며, 30㎝ 간격의 줄로 씨를 뿌리고 싹

근대는 더위에 견디는 힘이 아주 강하다.

근대 씨앗

이 튼 후 2~3회 솎아준다. 종자량은 3평(10㎡)에 약 70mL가 필요하고, 싹이 튼 후 2~3회 정도 솎아주어 가로세로 20~30㎝ 정도로 남긴다.

### 2) 관리 및 수확

자라는 기간이 비교적 길어서 웃거름으로 질소질 비료(요소 등)를 가끔 나누어주면 좋다. 어릴 때부터 식용이 가능하므로 솎은 것도 먹고 솎음질이 끝난 뒤에는 밑에서부터 차례로 잎을 따며 자람에 따라 계속 수확한다.

## 10 엔디브

### 1 품종 및 특성

국화과 식물로서 치커리라고도 많이 불리며 약간 쓴맛이 특징이다. 서늘한 곳에서 잘 자라며 물을 듬뿍 주고 약간 그늘지는 곳이 좋다. 햇빛을 너무 받으면 잎이 질겨지고 쓴맛도 강해진다. 샐러드용으로 좋다.

### 2 잘 가꾸는 방법

상추와 거의 같은 환경에서 잘 자라는 호냉성 채소이다. 종자의 발아에는 18~23℃가 알맞고 일주일가량 걸리며, 생육은 17~18℃에서 가장 좋다. 봄 재배와 가을 재배에서 생육이 왕성하고 수량이 많이 난다.

소엽 엔디브

중엽 엔디브

## 엔디브와 치커리

엔디브와 치커리는 같은 국화과 식물로 서로 근연종이다. 우리나라에 엔디브가 도입될 때 프랑스어로는 시코레(영어 발음으로 치커리)라고 부르는 것과 혼동하여 치커리로 부르게 된 것으로 보인다.
치커리는 여러해살이 초본으로, 크게 두 가지로 나눌 수 있다. 뿌리를 이용하여 차로 이용하는 것과, 주로 둥근 모양의 잎을 샐러드나 쌈용으로 이용하는 것이 있다.

적치커리(파종 후 10일)

적치커리(파종 후 30일)

엔디브(정식 후 25일)

엔디브(정식 후 40일)

# 셀러리

## 1 품종 및 특성

미나리과에 속하는 1~2년생 초본으로 양미나리라고도 부른다. 원래 2년생이기 때문에 저온을 지나고 일장이 길어지면 꽃대가 나오고 개화한다. 향기가 독특한 서양 채소로 샐러드에 이용하면 독특한 향미와 촉감을 느낄수 있다.

셀러리는 맛과 향이 독특해서 샐러드에 많이 이용한다.

## 2 잘 가꾸는 방법

저온성으로 햇빛이 강하면 품질이 떨어지는데, 일조가 부족해도 생육이 억제된다. 건조에 약하고 비료를 많이 필요로 하는 편이다. 파종 후 묘를 키우는 기간이 60일 이상 오래 걸리는데 본엽이 5~10매 사이에서 옮겨 심으면 된다.

날마다 조금씩 뜯어서 식사 때 이용할 수 있으며, 한꺼번에 수확하려면 옮겨 심고 60일 이상 키워야 한다.

# 파슬리

## 1 품종 및 특성

미나리과에 속하는 2년생 초본으로 향미나리라고도 부른다. 고온과 건조에 약하지만 저온에는 강하여 5℃에서도 수확할 수 있다.

## 2 잘 가꾸는 방법

파슬리는 한 번 심어두면 1년 내내 신선한 잎을 수확할 수 있다. 여름부터 가을 사이에 수확하고 싶을 때는 3~4월에 파종하고, 10월부터 이듬해 4월경에 수확하고 싶을 때는 6월 중순에 파종한다. 본엽이 5~6장으로 자란 묘

파슬리는 1년 내내 수확할 수 있으며, 비타민 C가 풍부하여 샐러드나 기타 소스에 넣어 활용하면 좋다.

를 20㎝ 간격으로 심는다. 20일에 한 번 정도, 이랑의 측면에 비료를 1㎡당 두 숟가락 정도 뿌려준다. 바깥 부분의 잎부터 차례로 수확한다. 처음 수확은 본잎이 12~13장 될 때부터 시작한다. 한 번에 채취하는 잎은 2장 내외로 하며, 최소한 8~9장의 잎은 남겨두어야 한다.

# 여름

## 13 고추

### 1 품종 및 특성

고추의 원산지는 미국 남부로부터 남미 아르헨티나 사이의 열대 아메리카로서 고온성 작물에 속하며, 우리나라에는 임진왜란 이전인 16세기에 들어온 것으로 알려져 있다. 전에는 건고추만 주로 이용하여 그중 덜 익은 것을 풋고추로 수확하였으나, 근래에는 풋고추 전용 품종까지 나와 있다.

풋고추용으로는 일반 풋고추와 꽈리 풋고추가 있으며, 마디 사이가 짧은 품종이 좋다.

> **고추를 화분에서 재배하려면**
>
> 고추는 여름철 더위에도 강하고, 크게 자란 것은 저온에도 잘 견디며 잘 자라면 늦서리가 내릴 때까지도 계속 수확할 수 있다. 원예종묘상에서 모종을 구입하는 것이 좋으며 이식은 5월 중순이 적기이다. 텃밭이 없는 곳에서도 화분에 직접 심으면 풋고추를 계속해서 딸 수 있다. 꽃이 계속해서 많이 피며 열매가 되므로 5포기 정도면 한 가족은 충분히 먹을 수 있다.

피망 계통은 맵지 않아 '단고추'라고 불리며, 일본에서는 컬러 피망도 생산된다. 파프리카는 피망보다 더 크고 화려한 색상을 지니어 '착색 단고추'로 불린다.

## 2 잘 가꾸는 방법

### 재배의 요점

- 고온성 채소이기 때문에 햇빛이 많이 들어야 한다. 여름에 너무 건조하지만 않으면 특별히 토질을 가리지는 않는다.
- 생육 기간이 비교적 길기 때문에 퇴비를 충분히 주어야 하고, 과다한 습기와 건조에 약하므로 물 주는 데 신경 써야 한다.

풋고추

빨간고추

### 1) 씨 뿌리기

지름 12cm 비닐포트나 육묘용 연결 포트에 씨를 뿌리면 잘 자란다. 텃밭에서 키울 때는 4월 말~5월 사이에 뿌리는 것이 적당하다. 적정 발아 온도는 28~30℃ 정도로 맞추어 주는 것이 좋으며, 적어도 20℃ 이상은 되어야 한다. 적당한 온도라면 5~6일 후에 싹이 튼다. 싹이 튼 후에는 위에 덮었던 신문지나 비닐 등은 즉시 걷어야 하며 동시에 온도는 조금 낮아도 잘 자란다. 씨를 뿌리고 두 달 정도 지나면 옮겨 심는다.

### 2) 옮겨심기

① 준비 작업: 옮겨심기 2주 전에 밑거름을 주고 밭을 잘 갈아 놓는다. 이

랑의 넓이는 70cm로 하여 한 줄로 심거나, 150cm로 하여 2줄로 심는다. 이랑의 높이는 물이 잘 안 빠지는 곳은 20cm 이상으로 하여 장마 때 물에 잠기는 것을 막고, 배수가 잘되는 곳은 15cm 정도로 한다. 물이 잘 안 빠지는 곳은 이랑을 1줄로 만든다.

② 옮겨 심는 시기: 늦서리(만상)가 끝난 다음에 곧 하면 좋은데 대개 남부지방은 5월 상순, 중부지방은 5월 중순경에 바람이 없고 맑게 개인 날이 좋다.

③ 심는 작업: 30~40cm 정도로 간격을 두어 심는다. 심기 전날 묘에 물을 충분히 주어 포트에서 빼낼 때 뿌리를 감싸고 있는 흙이 부서지지 않게 한다. 물구덩이를 만들어서 물을 주고 반드시 흙으로 덮어줘야 한다.

④ 멀칭 및 지주: 검은색 비닐을 토양에 덮어주면 초기 생육을 촉진시키고 잡초를 억제하는 데 효과적이다. 가지가 부러지기 쉬우므로 옮겨 심은 후 바로 지주를 세워준다.

## 3) 영양 및 물 관리

수확할 무렵부터 15일 간격으로 1주당 20g 정도의 복합비료와 깻묵을 뿌려준다. 고추는 과습에 약하므로 물 관리를 잘 해야 한다. 개화 후 25일 내외, 여름에 수확 최성기에는 15일 내외면 고추를 수확할 수 있다.

## 4) 열매 달기

### 꽃피고 열매 맺히는 특성

일반적인 고추 품종은 옮겨심을 단계가 되는 시기, 즉 본엽(잎)이 11~13매 되었을 때(숫자를 셀 수 있는 잎의 크기는 손톱 크기 이상으로 생장점 부분을 따로 벌리지 않고도 눈으로 쉽게 볼 수 있는 크기임), 이미 30개 가까운 꽃이 필 준비가 끝나게 된다. 그리고 약 10~13마디의 갈라지는 가지 사이에서 첫 번째 꽃이 피는 특성이 있다.

그리고 계속해서 각 분지(갈라지는 가지) 사이에서 계속하여 꽃이 맺혀서 한 주당 300~400개의 꽃이 핀다. 물론 일시에 피는 것은 아니고 3~4번의 주기를 따라 많이 피다가 적게 피곤 한다.

### 5) 수확

고추는 보통 개화 후 45~50일 지나면 빨갛게 착색되고 성숙하지만, 풋고추의 경우에는 과실이 완전히 비대하기 직전에 수확하는 것이 가장 좋은 품질을 계속하여 많이 딸 수 있는 방법인데, 대개 꽃이 핀 후 15~20일 정도 지나면 된다.

10~13마디에서 첫 꽃이 피고
계속해서 꽃이 맺힌다.
영양 공급상 모두 고추로 크지는 않는다

### 피망 상자재배

피망은 건조를 싫어하므로 물을 충분히 주어야 하며, 비료도 일반 고추보다는 많이 요구하는 편이다. 25~30℃ 정도의 고온이 좋고 연작을 싫어하므로 배합토는 항상 새것을 쓰는 것이 좋다.

피망은 일반 고추보다 물을 충분히 주어야 하며, 비료도 많이 주어야 한다.

- 심는 방법: ① 먼저 재배 상자에 흙과 퇴비, 계분 등을 섞은 기름진 배합토를 담아 놓는다. ② 본엽(잎)이 7~8매 정도인 묘는 구입하여 쓰는 것이 편하다. ③ 묘를 심을 구덩이를 파고 액비(물 비료)를 적당히 준다. ④ 묘를 심고 흙으로 가볍게 덮어준다. ⑤ 지주를 세운다. ⑥ 짚 같은 것으로 덮어주면 쉽게 마르는 것을 방지할 수 있다.

- 키우는 방법: ① 웃거름은 심고 20~30일 후에 복합비료를 준다. ② 아래쪽 마디에서 나오는 곁눈(측지)은 바로 제거한다. ③ 과실이 적당히 크고 녹색이 선명할 때 수확하면 된다.

## 14 오이

### 1 품종 및 특성

오이 재배의 역사는 3천 년 이상으로 추정되고 있는데, 원산지는 인도의 서북부 히말라야 지방과 네팔로 알려져 있다. 대륙의 북부와 남부로 각각 전파되어 서로 다른 생태형으로 분화된 품종군들이 우리나라에는 약 1,500년쯤 전인 삼국시대에 들어와서 현재는 각각 여름 오이와 겨울 오이 품종으로 이용되고 있다.

① 백다다기: 경기도를 비롯한 중부지방에서 주로 재배하고 있는 반백계 품종으로서 취청오이보다는 저온에 견디는 성질은 약하지만, 고온에는 비교적 강한 편이어서 봄이나 가을 재배에 적합하다.

과실의 어깨 부위는 녹색이지만, 중간부터 흰색 내지 옅은 녹색을 띠는 반백색이고 과장이 20~23㎝이며, 흑침이 대부분이지만 근래에 백침계 품종들도 속속 개발되고 있다.

흑침계 반백오이가 유통 중에 과피의 색이 누렇게 변하기 쉬운 데 비하여 백침계 오이는 쉽게 변색되지 않는 장점이 있다.

백다다기오이

② 취청: 일반적으로 남부지방에서 주로 겨울철에 재배하는 청장계 또는 낙합계 오이로서 과색은 청록색이고 흑침이며, 과실의 길이는 25~30㎝이다. 생식용으로 적합하다.

취청오이

③ 가시오이: 주로 경남지방에서 한여름에 재배하는 흑진주계, 사엽계나 삼척계 오이로서 과실의 표면에 주름이 심하고 길이가 30~35㎝로 긴 것이 특징이다.

가시오이(강력 삼척)

## 2 잘 가꾸는 방법

### 재배의 요점

- 햇빛을 잘 받아야 하고, 물이 필요하면서도 뿌리는 물이 차면 싫어하므로 보수성이 좋으면서 배수도 잘되는 토양이 좋다.
- 가정에서는 5~6월에 모종을 구입하여 옮겨 심는 것이 편리하다.
- 같은 흙에 다시 심는 것을 싫어하나, 호박 뿌리를 대목으로 하여 접한

모종이면 괜찮다.

## 1) 모종 기르기

오이는 옮겨 심을 때까지의 기간이 30일 이내로 짧지만, 모종을 제대로 관리하기는 굉장히 까다롭다. 파종할 부분에 3~4㎝ 간격으로 손가락으로 자국을 낸 자리에 한 알씩 씨를 떨어트리고 1㎝ 정도의 두께로 흙을 덮은 후 손바닥으로 가볍게 눌러준다.

물은 충분히 주되, 종자가 토양 위로 올라오지 않도록 주의하여 관수한다. 이후의 과정은 다른 과실 채소와 비슷하게 하면 되나, 온도가 맞지 않거나 물을 과도하게 주면 쉽게 웃자라서 연약하게 되어 병이 잘 생기게 되는 등 모종을 튼튼하게 키우기는 상당히 어렵다. 그래서 오이는 모종 키우기가 가장 어렵다고 알려진 작물이다.

시중에서 파는 모종 대부분은 호박 뿌리로 접목을 한 것이기 때문에 병에도 강하고 잘 자란다.

## 2) 옮겨심기

① 밑거름: 모종을 심기 2주 전에 밑거름을 주고 밭을 잘 갈아 놓는다. 밭 3㎡(1평)당 밑거름의 양은 퇴비 8kg, 석회 300g, 복합비료 300g이다.

② 이랑 만들기: 이랑의 넓이는 60~80㎝로 하여 한 줄로 심거나, 160㎝로 하여 2줄로 심는다. 이랑의 높이는 물이 잘 안 빠지는 곳은 20㎝ 이상으로 하여 장마 때 물에 잠기는 것을 막고, 배수가 잘되는 곳은 15㎝ 정도로 한다. 물이 잘 안 빠지는 곳은 이랑을 1줄로 만든다.

③ 옮겨 심는 시기: 직접 파종하지 않고 모종 상태로 옮겨 심을 경우에는 늦서리의 우려가 완전히 없어지는 때인 5월 상순에서 중순 사이에 옮겨 심

는다. 늦서리(만상)가 끝난 다음에 곧 하면 좋은데 대개 남부지방은 5월 상순, 중부지방은 5월 중순경에 바람이 없고 맑게 개인 날이 좋다.

모종 옮겨심기

마디 사이가 짧고 튼튼한 묘

포기 사이는 40~50㎝

깊게 심으면 안 되고 물을 충분히 주고 나서 흙으로 덮어준다.

④ 심는 작업: 40~50㎝ 정도로 간격을 두어 심는다. 심기 전날 묘에 물을 충분히 주어 포트에서 빼낼 때 뿌리를 감싸고 있는 흙이 부서지지 않도록 한다. 모종을 심고 나면 사방으로 15㎝ 떨어진 곳에 손가락으로 둥근 원을 그려 도랑을 만들고 충분히 물을 준다.

오이의 뿌리는 재생력이 약하여 옮겨 심을 때 몸살을 앓기 쉬우므로 튼튼한 모종을 사용한다. 물구덩이를 만들어서 물을 주고 반드시 흙으로 덮어줘야 한다.

### 3) 잘 키우는 요령

오이는 생육이 빨라 양분의 흡수량도 많으므로 비료가 부족하지 않도록 웃거름을 주는 것이 중요하다. 초장이 70~80㎝로 자랄 때부터 15일 간격으로 식물체 1주당 비료 20g을 뿌려준다. 또 강한 햇빛을 좋아하는 작물이라 일조량이 약하면 생육이 현저히 나빠진다.

### 4) 수확

과실이 100g 정도, 즉 20㎝ 이상의 크기로 자라면 수확한다. 보통 꽃이 핀 후 20일 내외면 수확할 수 있으며, 생육이 왕성할 때는 12~13일 정도면 수확할 수 있다. 생장이 빨라 초여름에는 파종 후 45일이면 수확할 수 있다.

후기 관리

지주는 서서 작업하기 편한 높이로 미리 세워 놓는다.
높이 자라면 적심한다.
20㎝ 이상이면 수확할 수 있다.

## 3 주의 사항

오이 뿌리는 산소를 좋아하기 때문에 퇴비를 많이 넣은 후 깊게 갈아 토양 속에서 공기가 잘 통하게 하는 것이 매우 중요하다. 종자를 직접 파종할 경우에는 5월 상순부터 8월 상순까지 가능하다. 그러나 줄기를 타고 높이 올라가며 무성하게 자라기 때문에 집 안에서 여러 포기를 키우기는 힘들고, 주말농장이나 텃밭에 알맞다.

오이 꽃이 핀 후 20일 이내에 수확할 수 있다.

# 15 참외

## 1 품종 및 특성

참외는 멜론류의 한 변종으로 중국을 비롯한 동양에서 재배되고 있다. 멜론류의 원산지는 아프리카 서부 니제르 강 유역으로 알려져 있다. 동부아시아에는 다른 작물과 같이 중동이나 인도 북부에서 실크로드를 따라 전래된 것으로 추정되며, 우리나라에서는 삼국시대 이전부터 박, 오이, 가지 등과 함께 채소로 이용하였을 것으로 추정하고 있다.

고향참외(개구리참외의 개량종)

과거에 우리나라의 대표적 참외 품종은 개구

리참외라고 불리는 성환참외 같은 것이었으나, 일본에서 껍질이 노란 은천계 품종이 들어와서 여러 품종이 육성되었으며, 현재는 금싸라기은천(1980년대 중반 개발) 계통이 주종을 이루고 있다. 반면 일본에서는 멜론 육성과 함께 은천참외는 사라져서 현재는 거의 재배되지 않는다.

## 2 잘 가꾸는 방법

우리가 흔히 볼 수 있는 참외(은천계)

### 재배의 요점

- 햇빛이 잘 드는 곳에서 키워야 한다.
- 밑거름보다는 웃거름을 적당히 주어 비료가 부족하지 않도록 해야 한다.
- 건조에 강한 편이므로 다소 건조한 듯이 관리하는 편이 좋다.
- 착과는 반드시 손자덩굴에 맺도록 일찍이 주지의 순을 잘라주고 아들덩굴에서도 4~5마디에서 나오는 곁가지(손자덩굴)를 제거하여 다음 손자덩굴의 암꽃을 잘 키워야 한다.

### 1) 모종 기르기

오이 등 다른 과채류와 동일한 방법이며, 접목 재배도 일반적이다.

### 2) 옮겨심기

① 밑거름: 밑거름이 너무 많을 때, 특히 질소질이 많을 때는 생육 초기의 영양 과다로 초세가 무성해져 착과가 잘 안 될 수 있다. 최근에 많이 개발된 '완효성' 복합비료는 필요한 전량을 밑거름으로 줘도 비료성분이 서서히 녹아 나오므로 효과적이다.

② **옮겨 심는 시기**: 모종은 5월 상순에서 중순 사이, 지온이 16~17℃가량 될 때 심는 것이 좋다.

③ **심는 작업**: 식물체는 옆으로 퍼지는 성질이 있으므로 포기 사이 간격은 약간 넓게 한다. 옮겨 심은 후에는 사방으로 15㎝ 떨어진 곳에 둥글게 원을 그려 도랑을 만들고 충분히 물을 준다.

## 3) 가지 고르기(튼튼한 가지만 두고 자른다.)

손자덩굴에 착과시키기 위하여 다음과 같이 가지를 정리해준다.

① 먼저 떡잎은 세지 말고 본잎이 4~5장 이상 보일 때 어미덩굴 끝을 잘라준다.

② 어미덩굴 각 마디에서 측지가 나오게 되는데 그 아들덩굴 중 실한 2~3개를 남기고 없애준다.

③ 양쪽의 아들덩굴에서 나오는 측지(손자덩굴) 중 처음 4~5마디의 것을 가급적 빨리 없애고 그다음 마디부터 나오는 손자덩굴을 주시해야 한다. 대개 첫 마디에서 암꽃이 피는데 반드시 착과시켜야 한다.

**참외의 가지 고르기 및 유인 방법**

아들덩굴 하나당 3~4개의 손자덩굴에서 착과시키면 이상적이다. 그이후에 나오는 측지들도 역시 없애주어야 착과된 과실이 빨리 큰다.

④ 그리고 아들덩굴을 15~18마디에서 끝을 잘라주면 좋다. 잎이 너무 많으면 참외의 크기나 수가 줄어들기 때문이다.

### 4) 잘 키우는 요령

- 질소 비료를 너무 많이 주면 참외의 속이 곯는 발효과가 생길 수 있으므로 주의해야 한다.
- 과실의 크기가 다 크고 익기 시작하면 가급적 물과 비료가 흡수되지 않아야 당도가 높아진다.

### 5) 수확

여름에는 보통 암꽃이 피고 30일 정도면 완전히 익는다. 외관으로 판단하려면 과피의 색이 노랗게 되어야 함은 물론이고, 골의 색이 녹색기가 없어지고 하얗게 되면 완전히 익은 것으로 본다.

참외 정식(왼쪽)과 참외 꽃(오른쪽)

# 당근

## 1 품종 및 특성

당근은 미나리과 식물이다. 등황색(카로틴) 품종은 17세기 이후 네덜란드에서 개량되었고, 현재 쓰이고 있는 1대 잡종 품종은 1950년대에 미국에서 육성된 이래 우리나라에서는 70년대 중반에야 개발, 보급이 시작되었다. 발아에 적당한 온도는 15~25℃, 생육에는 18~21℃가 적당하다.

봄 재배 또는 여름 재배가 가능하다. 봄 재배는 3월 하순경에 파종해 7월 중순경

당근밭

에 수확하고, 여름 재배는 7월 하순경 파종해 11월 중순경에 수확한다. 4~5년간 이어짓기함에 따라 수량이 늘어나고 품질도 좋아진다.

## 2 잘 가꾸는 방법

### 1) 밭 만들기

비옥한 사질 양토가 가장 적당하다. 토양 산도는 pH5.3~7.0 정도로 둔감한 편이다. 이랑을 만들기 전에 퇴비와 밑거름 비료를 넣는다. 이랑은 재배 형태에 따라서 두둑과 고랑 폭을 결정해 만든다.

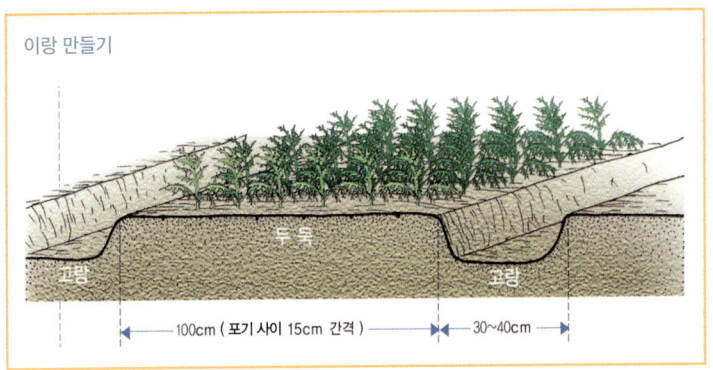

이랑 만들기

### 2) 씨 뿌리기

털이 나 있는 종자는 손바닥으로 잘 비벼 털을 제거한다. 이랑 폭을 60㎝ 전후로 해 씨앗을 밭 전체에 골고루 뿌린다. 파종하기 전 물을 충분히 주어 습기를 유지하도록 한

당근 씨앗

다. 당근 씨앗은 햇빛을 좋아하기 때문에 씨를 뿌린 다음 흙을 얇게 덮어야 한다. 흙을 덮은 다음 괭이 등으로 살짝 눌러 다진다. 발아 후에는 생장이 느리기 때문에 키가 5㎝ 정도 되었을 때 제초 작업을 해야 한다.

### 3) 솎아주기

본잎이 2~3장 났을 때 서로 잎이 닿지 않을 정도로 솎아주기를 하며 본잎이 4~5장 나왔을 때 포기 사이가 10~15㎝ 정도 되게 솎아준다. 뿌리가 햇빛에 노출되면 녹색으로 변하기 때문에 흙 속에 묻히도록 흙 돋우기를 해야 한다. 흙 돋우기는 줄기가 덮이지 않을 정도로 하며 뿌리 밑동은 흙에 덮이는 것이 좋다.

당근밭 흙 돋우기

햇볕을 쬐면 녹색이 된다.

줄기가 덮이지 않을 정도로 흙을 덮는다.

흙 돋우기는 뿌리 밑동의 위치를 보아가며 2~3회로 나누어 하는 것이 좋으며, 뿌리 밑동을 약간 숨기는 정도로 한다.

(과다한 흙 돋우기)

### 4) 거름주기

3.3㎡당 질소는 밑거름으로 20g, 칼륨은 밑거름으로 14g을 주며 나머지는 웃거름으로 준다. 웃거름은 자람에 따라 2회로 조절해도 되며, 대개 솎아주기를 한 후 비료를 준다. 비료분이 약하면 비대가 늦게 되므로 솎아주기를 한 후 복합비료를 뿌리고 괭이로 가볍게 눌러준다.

## 5) 재배 포인트

파종 후 3일 이내에 리누론 수화제(아파론, 아파룩스)를 물 20L에 20g 타서 밭이랑에 분무기로 뿌리면 1년생 화본과 잡초와 잎이 넓은 잡초를 막을 수 있다. 솎아주기 할 때 중경과 북주기도 함께하면 바람 피해, 잡초, 뿌리머리 푸름증 방지에 효과가 있다. 수확하기 1개월 전쯤 흙 돋우기를 해 지상부에 뿌리가 보이지 않도록 해야 한다. 당근 뿌리의 색소는 파종 후 40일경부터 나타난다. 토양의 습도가 높으면 색소의 발현이 나빠지므로 물이 잘 빠지도록 관리한다.

## 6) 수확과 저장

당근꽃

수확기가 늦으면 뿌리의 표면이 거칠어지므로 조생종은 파종 후 70~80일, 중생종은 90~100일에 수확한다. 외관상 겉잎이 지면에 닿을 정도로 늘어졌을 때를 수확기로 본다. 0℃, 93%의 다습한 조건에서 6개월 이상 저장이 가능하다. 가을에 수확한 경우 구덩이를 파서 저장하는 움저장법을 많이 이용한다.

# 3 주의 사항

자주 발생하는 병으로는 무름병, 갈색무늬병, 검은빛잎마름병이 있다. 무름병은 석회를 밑거름으로 주면 발생이 줄어들며 갈색무늬병은 목탄을 뿌리 근처에 뿌려주면 방제 효과가 있다. 해충은 벼룩잎벌레, 도둑나방 등이 있다. 벼룩잎벌레는 뿌리와 잎의 생장을 저해하는데 상처로 무름병이 발생하기도 한다. 따라서 발생 초기에 약제로 방제해야 한다.

## 17 가지

### 1 품종 및 특성

원산지는 인도로 추정되며, 중국에서도 재배 역사는 오래되었고, 우리나라에서는 신라 때부터 재배했다는 기록이 있다. 여름철 고온 다습한 환경에 잘 견디는 특성이 있으므로 가정 채소밭의 중요한 품목으로 자리 잡고 있다. 우리나라에서는 대부분 과실 길이가 길고 짙은 흑자색인 품종이 재배되지만, 일본에서는 긴 것뿐만 아니라 통통한 것과 거의 둥근 것까지 있다.

가지가 잘 열린 모습

## 2 잘 가꾸는 방법

### 재배의 요점

- 햇빛이 잘 드는 곳에서 키워야 한다.
- 웃거름을 적당히 주어 비료가 부족하지 않도록 해야 한다.

장가지

- 건조에도 약하므로 물은 충분히 주어야 한다.
- 겨드랑이 싹은 2개만 남기고 빨리 없애주어, 원가지를 포함한 3가지를 튼튼하게 키운다.

### 1) 모종 기르기

본잎이 7~8장 되는 때까지 두 번 정도 옮겨심어야 하고 그 기간도 70~80일 걸리므로, 튼튼한 모종을 구입하는 것이 편하다. 떡잎이 건강하고 줄기는 굵고 색이 짙으며 꽃이 막 피기 시작하는 것이 아주심기에 적당한 모종이다.

### 2) 옮겨심기

① 밑거름: 가지의 뿌리는 아랫부분으로 깊게 자라는 성질이 있으므로 하층부까지 좋은 토양 상태를 만들어 주는 것이 필요하다.

② 옮겨 심는 시기: 모종은 5월 상순에서 중순 사이, 지온이 16~17℃가량 될 때 심는 것이 좋다.

③ 심는 작업: 식물체는 옆으로 퍼지는 성질이 있으므로 포기 사이 간격은

가지의 꽃

약간 넓게 한다. 옮겨 심은 후에는 사방으로 15㎝ 떨어진 곳에 둥글게 원을 그려 도랑을 만들고 충분히 물을 준다.

가지 분재배
- 잎 7~8장 정도의 묘
- 포기 사이는 약간 넓게
- 포기 주위 15㎝에 도랑을 파고 관수

관리 및 수확하기
- 일찍 지주를 세워야 한다.
- 첫 번째 꽃 바로 아래의 곁가지 2개를 남겨 키우고 나머지는 없애준다.
- 개화 후 20일 전후에 수확

### 3) 잘 키우는 요령

첫 번째 꽃 바로 아래의 곁가지 2개를 키우고 나머지 곁가지들은 가급적 일찍 없애준다. 3줄기 가꾸기가 일반적이나, 빽빽하게 심은 경우에는 곁가지 하나만 더 키워 2줄기 가꾸기를 해도 된다. 여름철의 건조기에는 진딧물이 발생하기 쉬우므로 방제에 주의한다. 특히 수확기에 접어들면서 발생하는 청고병은 주의 깊게 방제해야 한다.

가지는 바람에 넘어지기 쉬우므로 일찍부터 지주를 세워 유인해준다. 웃거름으로 수확 시작부터 20일 후에 한 번, 그 후 15일에 한 번 정도 식물체 1주당 10g 정도의 비료를 뿌려준다.

가지는 건조에 약하므로 물을 충분히 주어야 하고, 또한 바람에 넘어지기 쉬우니 일찍부터 지주를 세워야 한다.

### 4) 수확

과실은 개화 후 20일 전후면 수확이 가능하다.

## 3 주의 사항

영양이 충분할 때는 꽃에서 암술의 길이가 수술들보다 길게 되나(장화주화), 양분이나 수분이 부족할 경우에는 암술의 길이가 짧아지게 되어(단화주화) 가지가 잘 맺지 않으므로 양분이나 수분을 보충해주어야 한다.

가지는 첫 번째 꽃 바로 아래의 곁가지 2개를 키우고, 나머지 곁가지들은 빨리 없애주어야 한다.

## 18 수박

### 1 품종 및 특성

수박은 남아프리카가 원산지라고 알려져 있으며, 이집트에서는 기원전 2560년경의 벽화에서 재배된 것이 확인되었다. 유럽에 전해진 것은 16세기 이후이며, 아시아로는 더 일찍이 중앙아시아로부터 실크 로드를 통하여 이루어져 이미 10세기경에 몽골에까지 전파된 것으로 알려져 있다.

우리나라에도 고려시대 때 몽골로부터 들어온 것으로 추정되며, 조선시대에는 이미 재배가 일반화되어 신사임당(1512~1559)의 〈초충도(草蟲圖)〉에 수

일반적으로 소비되는 품종은 대과종이다.

박의 형태가 정확히 그려져 있는 것을 볼 수 있다. 세계적으로는 다양한 형태와 색의 품종이 있으나, 우리나라에서는 겉은 호피 무늬에 속은 붉은색 품종만 애용되고 있으며, 크게 대과종 품종과 소과종(복수박) 품종으로 나뉘어 있으나, 주로 대과종 위주로 소비되고 있다.

## 2 잘 가꾸는 방법

### 재배의 요점

- 햇빛이 잘 드는 곳에서 키워야 한다.
- 겨드랑이 싹은 2개만 남기고 빨리 없애주어, 원가지를 포함한 3가지를 튼튼하게 키운다.
- 웃거름을 적당히 주어 비료가 부족하지 않도록 해야 한다.
- 건조에 강하나 착과 이후에는 과실 비대를 위하여 물을 충분히 주어야 한다.
- 과실이 다 크고 익어갈 때는 물을 주지 않는 것이 좋다.

### 1) 모종 기르기

오이 및 다른 과채류와 비슷하나, 박과 작물을 계속 심었던 밭에서는 토양전염성 병인 덩굴쪼김병을 막기 위하여 참박이나 호박 뿌리를 대목으로 접목 재배하는 경우가 많다.

### 2) 옮겨심기

① **밑거름**: 퇴비 같은 유기질 비료를 많이 주어야 맛있는 수박을 생산할 수 있다. 퇴비는 기후에 덜 좌우되어 비료의 효과를 오랫동안 유지시켜 주

기 때문이다.

② 옮겨 심는 시기: 모종은 5월 상순에서 중순 사이, 지온이 16~17℃가량 될 때 심는 것이 좋다.

③ 심는 작업: 식물체는 옆으로 퍼지는 성질이 있으므로 포기 사이 간격은 약간 넓게 한다. 옮겨 심은 후에는 사방으로 15㎝ 떨어진 곳에 둥글게 원을 그려 도랑을 만들고 충분히 물을 준다.

## 3) 가지 고르기(튼튼한 가지만 남기고 자른다.)

① 꽃 피는 습성 및 착과: 수박은 품종에 따라서 다르지만, 대부분 어미 덩굴이나 아들덩굴(측지)의 6~8마디(절)에서 첫 번째 암꽃이 피고(그 이전 마디에서는 수꽃이 핌), 그 이후 환경에 따라 5~8마디마다 하나씩 암꽃이 핀다.

수박의 가지 유인이 잘된 모습

일반적으로 이른(낮은) 마디에서 착과된 과실은 품질이 나쁘고 과형도 고르지 못한 경우가 많으므로 암꽃의 착과는 최소한 15마디 이후에 되

### 착과 위치

과실이 크다는 것은 잎이라는 광합성 공장에서 햇빛을 에너지로 하고 물과 이산화탄소를 원료로 만들어낸 탄수화물을 옮겨와서 축적하는 과정과 관련이 깊다. 따라서 과실의 생장은 잎의 수와 밀접한 관계가 있다. 풋과실을 따는 작물에서 잎의 수가 부족할 경우는 정식 직후인 생육초기를 제외하고는 거의 없으나, 덩치가 크고 완숙된 과실을 필요로 할 경우에는 문제가 나타날 수 있다. 수박의 경우에는 대개 과실 하나를 제대로 키우기 위하여서 약 40장의 잎이 필요하다. 따라서 너무 이르게 착과된 과실은 가능한 한 일찍 따버려야 한다.

도록 한다(덩굴의 길이는 1.5m 전후가 적당하다).

② 가지 고르기 및 유인: 대개 한 포기에 세 가지를 키워서 과실은 하나 또는 두 개를 키운다. 어미줄기와 아들줄기 두 개를 키우는 것이 쉬운 방법으로, 아들줄기 둘을 제외하고 나머지는 바로바로 제거해준다.
아들줄기에서 나오는 곁가지도 원하는 과실을 착과시킬 때까지는 없애주어야 암꽃이 충실해지고 착과도 잘된다.

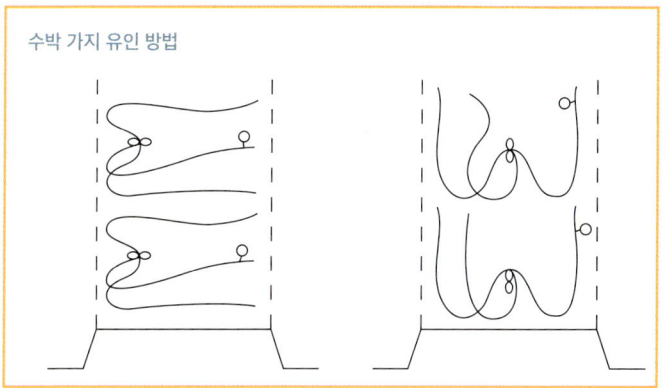

수박 가지 유인 방법

### 4) 잘 키우는 요령

- 웃거름은 착과 안정을 위하여 생육 초기에는 가급적 억제하고, 착과 후에 한 포기에 50~60g씩 두 번 정도를 보름 간격으로 주어서 과실이 잘 비대할 수 있도록 한다.
- 수박은 건조에 비교적 강한 작물로 정식할 때 충분히 물을 주고 착과 전까지는 특별히 관수할 필요가 없다. 단지 너무 건조할 때 건조해를

받지 않도록 관리하며, 초세가 약하여 줄기가 가늘고 줄기 끝 쪽에 꽃이 달릴 때는 땅속 깊이 물이 스며들도록 한 번에 충분히 관수해주어야 한다.

### 5) 수확

- 보통 암꽃이 피어 착과된 후 35~40일이면 적당한 성숙과가 되므로, 가장 좋은 방법은 암꽃이 핀 날짜를 알아두고 계산하여 수확하는 것이다. 단 무등산 수박과 같은 만생종은 45~50일이 되어야 한다.
- 소리로 판별하는 것은 쉽지 않으나, 대개 미숙한 것은 깡깡 하는 금속음비슷하게 나고, 성숙한 것은 통통 하는 탁음이 난다. 그러나 지나치게 낮은 탁음이 나는 경우에는 속의 육질이 상했을 가능성(온도, 햇빛, 수분 등의 환경 불량으로 인하여, 또는 너무 과숙되었을 때)이 크다.
- 호박이나 참박 뿌리에 수박을 접목해 재배하면 뿌리가 비료를 훨씬 많이 흡수하기 때문에 한 포기에 수박 하나를 키운다면 훨씬 큰 수박을 얻을 수 있다.

대과종 수박

## 19 옥수수

### 1 품종 및 특성

 벼과에 속하는 옥수수의 원산지는 멕시코를 비롯한 중앙아메리카로 알려져 있으며, 아시아에는 16세기에 포르투갈로부터 전파된 것으로 추정된다. 우리나라에도 조선시대 16세기에 중국에서 전파된 것으로 알려져 있으며, 단옥수수는 1960년대에야 국내에 알려졌다. 주로 미국에서 육성된 교잡종인 '골든 크로스 반탐' 등이 재배된다. 옥수수는 암꽃과 수꽃이 따로 피며 옥수수의 수염은 암술의 꽃가

수정 후 3주 정도가 지나면 수염이 갈색으로 변한다.

루 통로이다. 수정 후 20일 정도면 종자는 유숙기에 도달하고, 그 후 8~10일 더 지나면 호숙기라고 하여 일반 옥수수에서는 전분이 빠르게 축적되는 시기이다. 그러나 단옥수수는 이 시기에 아직 전분이 생기지 않아서 식용으로 적합하다.

그 후 10일 더 지나면 황숙기라고 하여 단옥수수의 알갱이 표면에 주름이 생기게 된다.

## 2 잘 가꾸는 방법

### 재배의 요점

- 따뜻한 기후와 양분, 수분이 풍부한 흙을 좋아한다.
- 종자가 싹을 틔우기 위해서는 흙의 온도가 13℃ 이상 되어야 하며 적당한 온도는 21~27℃로 높은 편이므로, 직파하려면 4월 말 이후에 해야 한다.
- 수염이 나고 이삭이 발달할 때는 물이 충분해야 품질과 수량이 좋아진다.

우리나라에서 주로 재배되는 품종은 미국에서 육성된 교잡종인 '골든 크로스 반탐'이다.

### 1) 파종

이랑 사이를 80~90㎝ 간격으로 하고, 한 곳에 2~3알씩 뿌리는 점뿌림을 25~30㎝ 간격으로 한다. 흙은 3~4㎝ 두께로 덮는다.

## 2) 발아 후 관리

① 키가 10~15㎝ 정도 자라면 1포기만 남기고 솎아준다.

② 70㎝ 정도 자라면 넘어지지 않도록 흙으로 북돋아준다.

③ 보통 아래쪽에 생기는 첫 번째와 두 번째의 작은 이삭은 따서 샐러드용 (young corn)으로 이용하고, 가장 큰 이삭을 남기어 수정되게 한다.

---

**파종 및 솎아주기**

이랑 사이를 80~90㎝ 간격으로 하고, 한 곳에 3알씩 뿌리는 점뿌림은 25~30㎝ 간격으로 한다. 흙을 3~4㎝ 두께로 덮는다. 두 줄로 심어야 꽃가루가 잘 붙어 결실이 잘된다.

키가 10~15㎝ 정도 자라면 1포기만 남기고 솎아준다. 손으로 뽑으면 뿌리가 상할 수 있으므로 가위로 자른다.

---

## 3) 수확 및 저장

직파 후 90일 정도면 수확이 가능하다. 수염의 상태를 보고 수확 시기를 판단할 수 있는데, 대개 수염이 나타나고 3주가 지났을 때이며 수염이 마르고 갈색으로 변하는 직후이다.

수확 후 고온에서 품질이 급격히 떨어지기 때문에 바로 먹지 않을 것이면 저온 저장해야 한다. 냉장고에서는 3~7일 정도 수확 직후의 당도를 유지할 수 있고, 수확 후 1시간 이내에 냉동(0℃ 이하) 저장하면 장기간 저장할 수 있다.

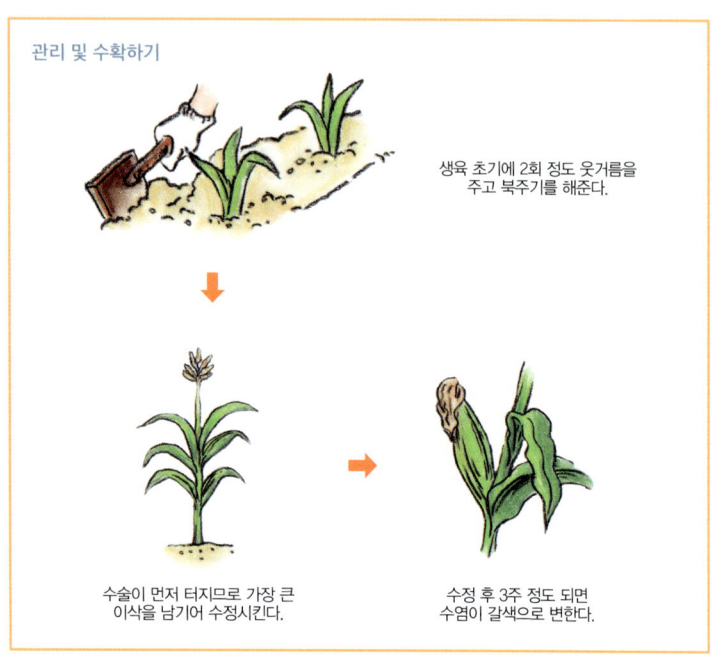

### 관리 및 수확하기

생육 초기에 2회 정도 웃거름을 주고 북주기를 해준다.

수술이 먼저 터지므로 가장 큰 이삭을 남기어 수정시킨다.

수정 후 3주 정도 되면 수염이 갈색으로 변한다.

# 20 순무

## 1 품종 및 특성

순무는 배추와 같은 속에 속하는 작물로 고려시대 이전부터 널리 재배되었으나, 최근에는 점차 줄어들어 강화, 김포 등지의 일부 지역에서만 재배되고 있다. 발아 및 생육에 적당한 온도는 15~22℃로 서늘한 기후를 좋아해서 남부 해안지역에서는 노지 월동 재배도 가능하다. 하지만 고온에 약해 봄이나 가을에 재배하기 쉽다. 재배에 적당한 토양 산도는 pH5.5~7.5 정도로 산성 토양에 강한 편이다. 지방마다, 크기에 따라, 색에 따라 다양한 품종이 있으므로 기호에 맞게 선택한다. 소순무, 황순무, 비탄홍순무, 나가사키적순무, 성호원, 만목, 진전, 일야채, 이여비, 강화순무, 금정, 천왕사, 개량박다, 근강,

애야홍 등이 있다.

① 봄 재배 3월 중순~4월 중순에 파종해 4월 상순~4월 하순에 수확하는 작형으로, 기온이 적당하고 병충해도 그다지 많지 않아 비교적 안정적인 재배가 가능하다.

② 여름 재배 6월 하순~7월 상순에 파종해 8월 상순~8월 하순에 수확하는 작형으로, 장마기와 겹쳐서 건조하지 않고 무난한 재배가 가능하다. 하지만 장마가 끝난 후에는 잘 자라지 않는다.

③ 가을 재배 8월 중순~9월 중순에 파종해 10월 하순~11월 중순에 수확하는 작형으로, 초기에 병충해 방제를 철저히 해야 한다.

## 2 잘 가꾸는 방법

### 1) 밭 만들기

이랑을 만들기 전에 퇴비와 밑거름 비료를 넣는다. 흙이 너무 딱딱하면 뿌리가 잘 굵지 않으므로 흙을 부드럽게 갈아주는 것이 좋다. 그러면 발아도 잘 되고 표면이 매끈한 순무를 수확할 수 있다.

순무밭

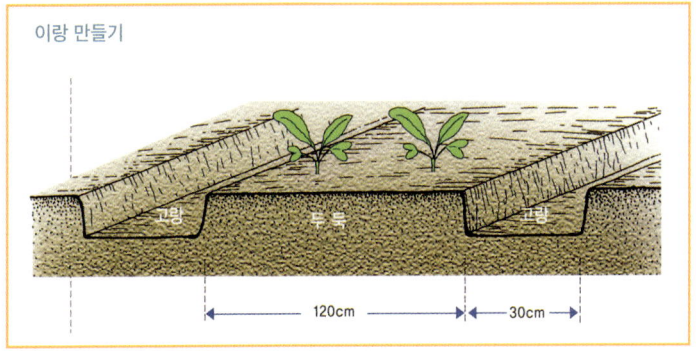

이랑 만들기

120cm  30cm

## 2) 씨 뿌리기

네 개의 골을 길게 내어서 물을 흠뻑 준 다음 골 안에 흩어 뿌린다. 씨를 뿌린 후에는 흙을 얇게 덮어준다. 씨가 매우 작으므로 흙을 두텁게 덮지 않도록 주의한다.

순무 씨 뿌리기

파종할 골을 만들고 1.5cm 사방에 1알 정도의 비율로 골 안에 흩어 뿌린다.

복토는 1cm

복토를 얇게 하고 건조하지 않게 한다.

## 3) 솎아내기

병충의 피해가 없고, 떡잎이 정상인 묘를 남긴다. 본잎 2~3장 때 2포기,

5~6장 때 1포기 남긴다. 마지막에는 포기와 포기 간격이 8~10㎝가 되도록 한다. 솎을 때에는 남길 묘의 밑동을 손가락으로 누르면서 뽑아내면 뿌리가 상하지 않는다.

### 4) 거름주기

파종 7~10일 전까지 완숙 퇴비, 석회 등을 밑거름으로 넣는다. 생장 중에 흙 속의 비료가 부족하면 뿌리가 갈라지기 쉽다. 1차, 2차 솎음 후에는 일반 화학비료를 물 줄 때 함께 녹여서 웃거름으로 주면 좋다.

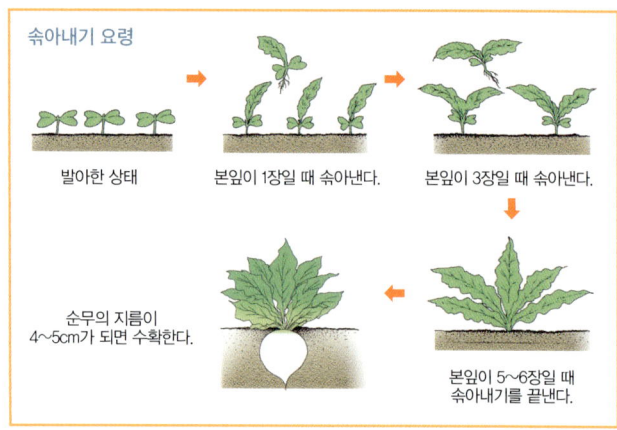

### 5) 재배 포인트

순무는 건조하면 뿌리가 갈라지기 쉬우므로 건조하지 않도록 물을 자주 주어야 한다.

## 6) 수확

뿌리가 직경 5㎝ 정도일 때, 봄, 여름 파종은 약 30일 후, 가을 파종은 약 60일 후면 수확이 가능하다. 과실에 상처가 생기면 갈색으로 변색되어 흉하다. 수확이 늦어지면 바람들이 현상이 나오기 쉽다.

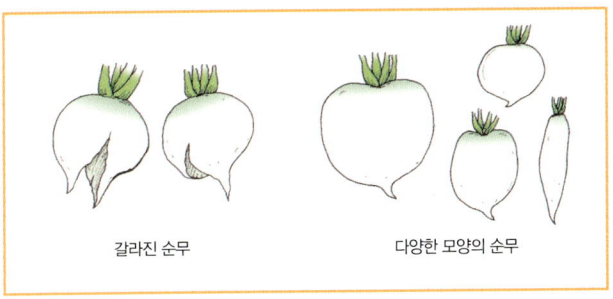

갈라진 순무             다양한 모양의 순무

## 3 주의 사항

① 진딧물 새잎과 새줄기에 많이 붙어 해를 끼치는데, 진딧물 약제로 방제 가능하다.

② 심식충 어린싹의 속을 갉아먹는 벌레로 살충제를 사용해 방제한다.

## 21 고구마

### 1 품종 및 특성

메꽃과에 속하며, 원산지는 멕시코 쪽의 중앙아메리카나 열대 남아메리카로 알려져 있다.

우리나라에는 조선시대 영조 때(1763년) 조엄이 대마도에서 씨고구마를 구해 와 심은 것이 시초가 되었으며, 1930년대부터 품종이 도입되고 우리나라에서도 많은 품종이 육성되었다. 밤고구마인 율미, 날로 먹기에 좋은 생미, 식용 및 가공용인 건미 등이 있다.

# 2 잘 가꾸는 방법

### 재배의 요점

- 채소 가운데 가장 고온성으로 강한 빛을 좋아하고 건조에도 잘 견디는 편이다.
- 심을 삽수의 길이는 25~30㎝로 줄기가 굵은 것이 좋다.
- 비료를 잘 흡수하는 작물이므로 비료 성분이 남아있는 밭에 심을 때는 더 이상 비료를 주지 않고 키워도 되며, 척박한 땅이라면 초기 생육을 돕기 위하여 밑거름 위주로 적당히 준다.

고구마는 체력을 증진시키며 위장을 튼튼하게 해준다.

## 1) 모종 준비

고구마가 싹트는 데는 30~35℃가 알맞고 모종을 키우는 데 기간도 오래 걸리고 힘들므로 시중에서 구입하는 것이 편하다. 그 삽수는 길이가 25~30㎝에 줄기는 굵고 마디수가 7~8마디는 되어야 한다.

## 2) 아주심기

- 밭은 두둑을 50~70㎝ 정도로 하여 밑거름 위주로 하되, 토양은 너무 비옥하지 않아야 하고 물 빠짐이 좋아야 한다. 너무 거름진 토양에서는 초기의 잎과 줄기가 너무 무성하게 자라서 정작 고구마의 크기는 작아진다.
- 삽수의 밑에서부터 4~5마디 정도는 고구마가 될 뿌리가 나오는 중요한 마디이므로 땅 속에 들어가도록 경사지게 심어야 한다. 단, 잎은 모

두 땅 위로 나오도록 심어야 한다. 두둑 위에 비스듬히 모종(삽수)을 놓고 아랫부분을 손가락 끝으로 땅 속에 깊이 박아 넣듯이 심고 위에서 눌러준다.

### 3) 수확

고구마는 아주심기를 후 130~150일 되면 수확한다. 잎이 노랗게 변했거나 많이 떨어졌으면 수확기로 생각한다.

아무 때나 수확하면 되나 저온에 약하므로 땅의 온도가 10℃ 이하로 떨어지기 전에 해야 하며, 특히 서리가 내리기 전에 해야 한다.

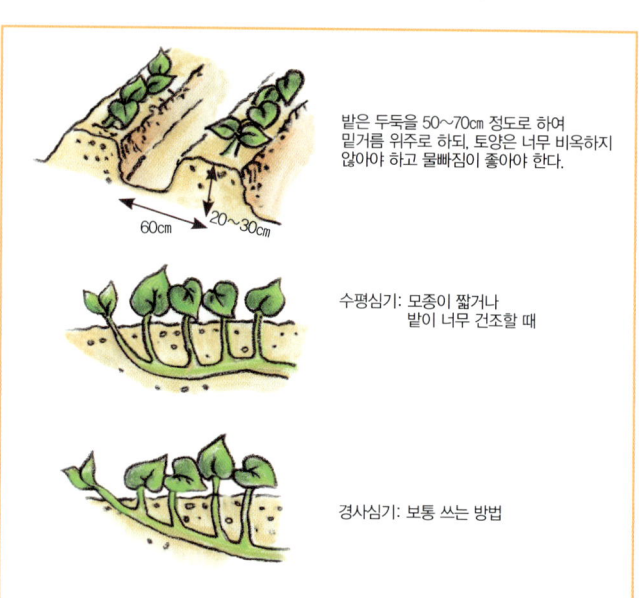

밭은 두둑을 50~70cm 정도로 하여 밑거름 위주로 하되, 토양은 너무 비옥하지 않아야 하고 물빠짐이 좋아야 한다.

수평심기: 모종이 짧거나 밭이 너무 건조할 때

경사심기: 보통 쓰는 방법

잡초 제거

웃거름은 덩굴의
성장을 보고 조절

서리 내리기 전에 수확

## ❸ 주의 사항

비료, 특히 질소 성분이 너무 많으면 덩굴만 무성해지고 알이 굵지 않고 맛없는 고구마가 된다. 인산 성분을 잘 빨아들이는 성질이 있어서 인산 비료가 없어도 잘 자랄 수 있으나, 인산 비료가 충분하면 단맛이 증가하고 저장력도 좋아진다.

## 22 생강

### 1 품종 및 특성

생강은 생강과에 속하는 아열대성 다년생 초본식물이지만 우리나라에서는 겨울 추위에 고사하기 때문에 1년생 초본식물로 자란다. 품종 육성이 미흡하여 거의 분화되어 있지 않고 괴경(덩이줄기)의 크기에 따라 소생강, 중생강, 대생강으로 나뉜다. 대생강은 열대지방에서만 재배되고 우리나라에서는 분얼이 많은 소생강과 중생강의 재래종이 재배되고 있다. 15℃ 이하에서는 생육이 어렵고, 이어짓기를 하면 뿌리썩음병이 심하게 나타날 수 있다. 4월 중하순에서 5월 상순까지 파종해 8~10월에 수확한다. 생육 초기에는 반양음지(하루 중 일조 시간이 한나절밖에 되지 않는 그늘진 곳)에서 발육이 좋으므로 보리밭 등의 이랑 사이에 파종하면 건조의 피해도 막을 수 있어 좋다.

## 2 잘 가꾸는 방법

### 1) 밭 만들기

생강밭

토양 적응성이 좋아 전역에서 재배할 수 있지만, 비옥하고 배수가 잘되는 양토나 사양토가 알맞다. 토양 산도 pH6.0 정도의 약산성 토양에서 잘 자란다. 밭을 20㎝ 정도 깊이로 갈아준 다음 아주심기 10일 전에 심는 골을 만들고 밑거름을 준 후 흙을 덮어 비료가 직접 생강의 뿌리에 닿지 않도록 한다. 두둑 너비는 130~150㎝로 하고, 포기 사이는 45㎝ 간격으로 해 두 줄로 심는다.

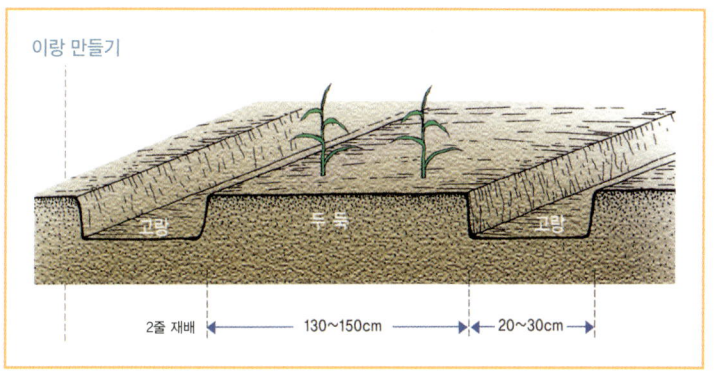

### 2) 종묘생강 준비하기

외관이 싱싱하고 터짐이 없으며 육색이 선홍색인 것을 선택해야 한다. 20g 정도의 크기로 눈이 2~3개 정도 달리도록 잘라서 심는다. 싹을 틔우지 않고 심으면 발아까지 1개월 정도 걸리므로 따뜻한 온상에 종묘생강을 잘 펴놓고 물을 충분히 준 후 흙을 덮고 가마니나 비닐을 덮어두면 2주일 후에 싹이 나온다.

### 3) 아주심기

심기 전 3~4일 햇볕을 쬐면 발아 촉진 효과가 있다. 한 구덩이에 2~3편의 생강을 심고 얇게 흙덮기 한 다음 짚이나 왕겨로 덮어 건조를 막아준다.

### 4) 일반 관리

6~7월 초에 김을 맬 때 웃거름을 주고 북을 준다. 이때 장마철에 토양이 과습하지 않도록 관리한다. 건조에 약하므로 7~8월 고온기에는 이랑 사이에 볏짚이나 풀 같은 것을 깔아주며, 김매기를 중지하고 관수해 준다. 생강은 줄기가 어느 정도 무성해지기까지 2개월 이상 소요되므로 그 사이에 잡초가 생기는 것을 방지하기 위해 파종 후에는 토지 전면에 볏짚을 깔아준다. 천근성(얕은 뿌리) 채소여서 뿌리가 약하므로 건조할 때는 저녁에 물을 준다.

마른 짚 덮어주기
생강 줄기
마른 짚

### 5) 거름주기

재배 기간이 길어 질소질 비료는 유실되기 쉽고, 일시에 비료를 많이 주면 생강의 생육에 해롭기 때문에 유기질 퇴비를 많이 사용하는 것이 좋다.

## 6) 수확과 저장

보통 재배에서 8~9월에 수확하는 것은 잎생강이고 9~10월부터는 뿌리로 수확한다. 종자용 생강은 서리가 내리기 전에 수확해서 줄기 잎을 제거해 저장한다. 저장 적온은 13~16℃이고, 18℃ 이상이 오랫동안 지속되면 싹이 나며, 10℃ 이하에서는 부패한다. 수확 시 상처는 부패의 원인이 되므로 수확 후에는 온도 30~33℃, 습도 90% 이상에서 7~8일간 상처가 아물도록 큐어링시킨 다음 저장한다.

생강을 수확한 모습

## 3 주의 사항

① 뿌리썩음병: 발병 우려가 있는 밭에서는 파종 전에 석회를 3.3㎡당 330~670kg 사용하고, 다조메 분제로 토양을 소독한다.

② 백색병: 퇴비를 충분히 주고 비료가 부족하지 않도록 관리한다. 발병하면 4-4식 석회보르도액에 전착제를 첨가해서 뿌려준다.

③ 잎마름병: 배수가 불량한 곳은 배수가 잘되도록 해주고, 밭을 만들 때 퇴비를 충분히 주고 비료가 부족하지 않도록 추가로 관리해준다.

## 23 깻잎

### 1 품종 및 특성

들깨는 꿀풀과에 속하며 개화 시기에 따라 조생종은 9월 초, 만생종은 9월 말경에 개화한다. 대체로 만생종이 키는 작고 잎은 비교적 크면서도 두터운 편이고, 일장에 둔감하여 잎 생산을 위한 재배에 많이 쓰인다.

### 2 잘 가꾸는 방법

옥외에서는 4월 중순경부터 파종한다. 종자가 발아할 때 빛이 필요하므로 파종 후 종자 위에 흙을 덮지 말고 판자 등으로 가볍게 눌러 흙 속에 밀어 넣어주든가 고운 모래로 덮어준다. 20일에 한 번 정도 깻묵이나 비료를 조금씩 식물체 주변에 뿌려주고 가볍게 토양을 갈아준다. 초장이 40㎝ 정도로 자라면서 아래쪽 잎부터 차례대로 수확한다.

### 3 주의 사항

생육에 적당한 온도는 20℃ 전후로 최저 10℃ 이상은 되어야 한다. 늦게 파종하여 가을철부터 봄까지도 지속적으로 잎을 수확하기 위해서는 하루 15시간 이상을 밝은 상태에 두어야 하는데, 일조 시간을 포함하여 15시간이 되도록 60W 백열등을 3~4평당 하나씩, 식물체로부터 높이 2m 이내가 되도록 켜주면 충분하다.

깻잎 30g 정도만 섭취하면 하루에 필요한 철분의 양이 공급된다.

## 24 미나리

### 1 품종 및 특성

 물에서 사는 채소이면서 더위에는 약하여 한여름에는 생육이 멈춘다. 저온에는 비교적 잘 견디나 서리를 맞으면 잎이 자색이나 검게 변할 수 있다.
 낮이 짧은 단일조건에서 잎이 잘 생기나, 빛은 매우 좋아하는 편이기 때문에 그늘에서는 잘 자라지 못한다.

### 2 잘 가꾸는 방법

 사계절 내내 재배할 수 있다. 가장 간단한 방법은 시장에서 뿌리가 달린 미나리를 사서 잎은 먹고 뿌리 부분은 밭에 옮겨 심는 것이다. 또 9월경 들에 자생하는 미나리를 뿌리가 달린 채로 캐내어 밭에 10㎝ 간격으로 옮겨 심어도 된다. 미나리는 다습한 토양을 좋아하므로 보통의 밭이나 용기에서는 관수가 중단되지 않도록 주의해야 한다. 20일 간격으로 깻묵을 조금 뿌려 튼튼한 싹이 자라 나오도록 해준다. 15~20㎝로 자라면 뿌리로부터 약간 윗부분을 자른다.

미나리는 사계절 재배할 수 있고, 변비를 예방해 준다.

# 가을

## 25 무

### 1 품종 및 특성

지중해 연안이 원산지로, 우리나라에서는 삼국시대부터 재배되어 고려 때 이미 중요한 채소로 취급되었다. 조선시대 허균(1569~1618)의 기록에 이미 "무는 매월 씨 뿌리기가 가능하고 매월 먹을 수 있다."라고 하였다.

배추과에 속하며, 중국을 통하여 들어온 북지무 계통과 중국에서 일본을 통하여 들어온 남지무 계통으로 나눌 수 있고 근래에 샐러드용으로 20일무가 재배되기 시작하였다.

가을무(서호골드)

알타리무　　　　　　　　열무

① 서울무: 육질이 비교적 단단한 가을무 계통으로 재래종의 대표적 품종이다. 뿌리가 짧고 둥근 원통형이다.

② 서울봄무: 오랫동안 재배되어 온 유일한 품종으로 통상 '알타리무'라 불리고 있는데 봄철에 많이 재배되어 총각김치용으로 인기가 좋다. 육질이 치밀하고 소형이기 때문에 가을에도 많이 재배되고 있다.

③ 진주대평: 진주 지방에 토착된 재래종으로 서울무와 비슷하나, 초세가 왕성하고 잎이 약간 곧게 서는 직립성이다. 육질이 치밀하면서도 씹는 맛과 감미가 좋아 김장용으로 많이 재배되고 있다.

④ 20일무: 파종 후 20~30일이면 수확할 수 있는 극조생종으로 뿌리의 색깔은 적색과 백색의 2계통이 있으나 육질은 모두 백색이다. '적환 20일무'(둥근 모양), '적장 20일무'(긴 모양) 등이 있는데 수확기를 놓치면 바람이 들기 쉽고 샐러드용으로 재배가 늘고 있다.

⑤ 기타: 봄에 재배하는 '대형 봄무', 가을 재배용이며 중간 정도 크기에 육질이 단단한 '용현무', 뿌리의 절반 이상이 짙은 녹색을 띠고 육질이 단단하여 저장 기간이 오래가는 '중국청피무', 단무지 가공용인 '미농조생' 등이 있다.

## 2 잘 가꾸는 방법

### 재배의 요점

- 처음 키우는 사람은 가을에 재배하는 것이 쉽다. 고온을 싫어하므로 여름에 일반 평지에서 재배하면 꽃대가 올라와 버려 잎은 못 쓰게 되고 뿌리의 품질도 나빠진다.
- 뿌리는 깊이 뻗는 성질이므로 깊은 재배 상자(플랜터)가 좋다.
- 산성 토양을 싫어하므로 석회를 섞어 중화시킨 후 재배용토로 쓴다.
- 물 빠짐이 좋아야 한다.

### 1) 용토 준비

무 뿌리는 곧게 뻗는 성질이라 이식이 잘 안 되며, 되더라도 기형적으로 자라므로, 밭이나 재배 상자에 직접 씨를 뿌릴 수 있도록 준비해 놓아야 한다.

무 꽃

토질에 대한 적응 폭은 넓은 편이나 돌멩이나 덜 썩은 퇴비 등이 있으면 뿌리가 변형되기 쉬우므로 완숙된 퇴비를 이용하고, 밭은 30~35㎝ 정도로 깊이 갈아놓아야 좋다.

### 2) 씨 뿌리기

대표적인 가을 재배의 파종 적기는 다음 표와 같다.

| 지 역 | 파종기(월. 일) |
|---|---|
| 중 부 | 8. 20 ~ 8. 25 |
| 중남부 | 8. 25 ~ 8. 30 |
| 남 부 | 9. 1 ~ 9. 5 |

파종량은 점뿌림일 때 10㎡(약 3평)당 약 10mL가 소요되며, 줄로 뿌릴 경우에는 약 20mL가 소요된다. 포기 사이는 보통 종자의 경우에는 25~30㎝, 재래종이나 뿌리가 작은 품종은 20~24㎝ 정도로 한다. 파종기가 고온기이기 때문에 짚, 왕겨 등으로 덮어서 지온이 너무 오르는 것을 막아주는 것이 좋다.

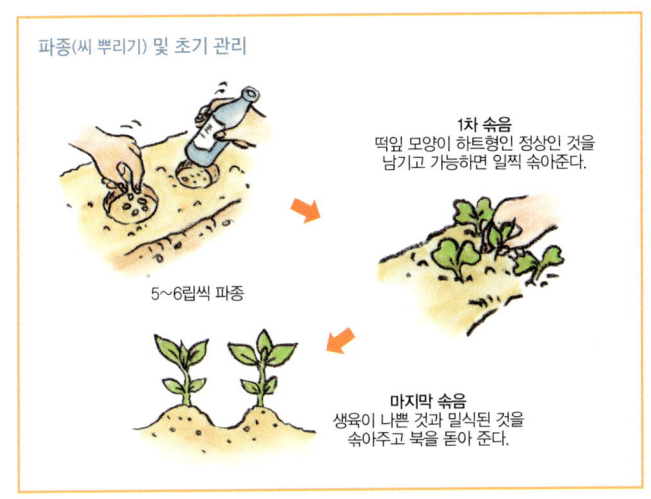

봄에 파종할 때는 반드시 봄 재배용 품종을 심어야 하며, 그렇지 않으면 꽃대가 올라오는 추대 현상으로 무가 쪼그라든다. 저온기이므로 13℃ 이하의 저온을 맞지 않는 때에, 혹은 저온을 맞지 않도록 해야 한다.

### 3) 솎음 작업

솎음질은 보통 2~3회 정도로 무의 떡잎 모양이 하트형의 정상인 것을 남기고 한다. 가능하면 일찍 솎아주는 것이 생육에 좋으며, 잎의 색깔이 짙은것,

생육이 불량한 것, 밀식된 곳을 솎아주고 동시에 북(나무나 풀의 뿌리를 싸고 있는 흙)을 돋아준다.

### 4) 웃거름

① 본잎이 1장 나왔을 때 한 구덩이에서 2~3포기를 남기고 솎아내는데, 그때 주위에 복합비료를 작은 수저로 하나씩 뿌리고 흙에 섞는다.

② 본잎이 6~7장이 되면 1포기만 남기고 마지막으로 솎아주는데, 그때 두둑 한쪽에 포기당 비료를 큰 수저로 하나씩 흩뿌리고 나서 괭이로 흙과 섞으면서 북주기를 한다.

③ 2차 웃거름을 주고 보름 후에 두둑에서 2차 때와는 반대쪽에 같은 양의 비료를 주고 역시 북을 돋우어준다.

### 5) 수확

파종 후 50~60일 정도면 수확이 가능하다. 외관상으로는 위쪽을 향하여 뻗었던 잎이 벌어지고 바깥쪽 잎이 늘어지게 되면 수확기가 된 것이며, 수확이 늦어지면 뿌리에 바람이 들어 맛이 떨어질 수 있다.

**20일무**

무는 소화작용을 돕고, 고기 탄 것에 함유된 발암성 물질을 분해하는 효소가 있다.

## 3 주의 사항

무가 한창 자랄 때 흙이 바짝 말라 있다가 갑자기 물이 많게 되면 표피가 갈라지는 열근이 많이 생기게 되므로 발아 후 20~25일 사이에 특히 물 관리에 주의하면 좋다.

**열근**

뿌리가 생리적, 물리적 요인에 의하여 표면이 갈라지는 현상을 말하며, 열과와 같이 대개 수분 증가에 의하여 세포의 삼투압이 높아지고 표피의 탄성이 낮아지면서 갈라지기 쉽게 된다.

## 관리 및 수확하기

웃거름을 주며 북을 준다.

양손으로 무를 잡고 뽑는다.

잎자루에서 2~3cm의 잎줄기를 잘라보면 무의 바람들이를 알 수 있다.

## 20일 무의 상자 재배

# 26 배추

## 1 품종 및 특성

서아시아 원산으로 추측되며, 중국 남부에서 '팍초이'(지금은 '청경채'로 유통)로 발달하고, 몽골과 중국 북부를 따라 전파된 '순무' 계통이 1세기경부터 재배되었다. 그 후 두 계통 사이의 잡종 형태인 결구배추로 발전된 것은 17세기로 알려져 있다.

우리나라에서는 13세기 이전부터 불결구 품종이 재배된 것으로 알려져 있으며, 결구형 품종은 1900년대에 들어서야 도입 재배되기 시작하였다. 해방 이전에는 주로 반결구성인 '개성배추'와 '경성(서울)배추'가 재배되었다고 한다. 현재 종묘회사를 통해 보급되고 있는 품종들은 대부분 결구성이다.

### 결구

잎들이 말려서 양배추와 같이 엽구(葉球)를 형성하는 현상을 말한다. 배추의 품종은 결구성에 따라 불결구, 반결구, 결구의 세 가지로 나누는데, 결구종은 다시 결구 형태에 따라 포합형, 포피형, 권심형의 세 가지로 나눌 수 있다.
우리나라 배추 품종은 포합형이 많다.

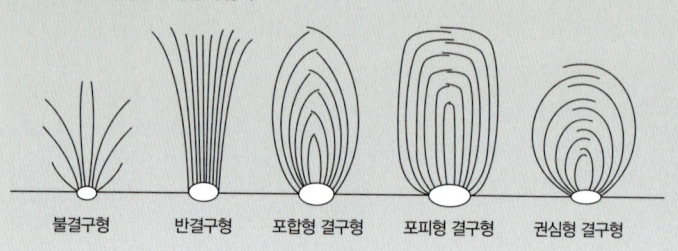

불결구형    반결구형    포합형 결구형    포피형 결구형    권심형 결구형

## 2 잘 가꾸는 방법

### 재배의 요점

- 봄 재배는 병이 많이 생기고 꽃대가 올라오기 쉬우므로 될 수 있으면 가을 재배를 하는 것이 좋다.
- 수분 함유량이 많고 짧은 기간에 왕성하게 자라므로 물을 많이 필요로 한다.
- 비교적 비료를 많이 흡수하며, 특히 질소, 칼륨 및 석회를 많이 주어야 한다.

### 1) 모종 준비

배추는 대개 옮겨심기를 하므로 모종을 구입하여 심는 것이 좋다.

맛배추　　　　　　　　　얼갈이배추

## 2) 아주심기

본잎이 5~6장인 것을 포기 간격 35㎝ 정도로 심는다. 더운 때이므로 흐린 날 오후에 심는 것이 좋으며, 9월 초까지는 심어야 한다.

## 3) 물과 양분 관리

- 물을 많이 필요로 하여 결구될 때는 하루에 밭 3평당 2kg 이상 무게가 증가하므로 물도 2L 이상 소요된다고 보면 된다. 건조하지 않도록 관리해야 하나, 흙이 물에 차 있는 상태로 과습하여도 밑동썩음병 같은 병이 생기므로 주의해야 한다.
- 초기 생육이 좋아야 후기의 결구까지 잘되게 하므로, 밑거름으로 유기질 비료를 많이 주면 좋다. 아주심은 후에도 보름 간격으로 3~4번 웃거름을 주어야 잘 자란다

배추는 봄 재배보다 가을 재배가 용이하다.

## 4) 수확

아주심은 후 60~70일이면 수확이 가능하다. 결구된 위쪽을 눌렀을 때 단단해졌으면 적기이고, 늦게 수확할 경우에는 서리에 대비하기 위하여 겉잎

을 싸서 끈으로 묶어두는 것이 좋다.

　단, 얼갈이(엇갈이)배추의 경우는 파종 후 60일 (한여름에는 50일) 정도면 수확할 수 있다.

# 27 시금치

## 1 품종 및 특성

명아주과에 속하며, 많은 품종이 외국에서 육성 보급되고 있으나, 우리나라는 아직도 재래종이 많이 재배되고 있다. 각종 비타민(A, $B_1$, $B_2$, C), 철분, 칼슘 등이 다른 채소보다도 많이 함유되어 있는 알칼리성 채소이다. 섬유질은 적고 완화제로서 또는 빈혈증, 신장병과 어린이들의 골반 발육에 특효가 있는 보건 채소이며, 여성 미용에도 좋아 연중 소비되고 있다.

## ❷ 잘 가꾸는 방법

### 재배의 요점

- 처음 키우는 사람은 가을에 재배하기가 쉽다. 고온을 싫어하므로 여름에 일반 평지에서 재배하면 꽃대가 올라오게 되어 잎은 못쓰게 된다.
- 뿌리는 깊이 뻗는 성질이므로 깊은 재배 상자(플랜터)가 좋다.
- 산성 토양을 싫어하므로 석회를 섞어 중화시킨 후 재배용토로 쓴다.
- 물 빠짐이 좋아야 한다.

### 1) 용토 준비

씨를 뿌리기 2주일 전쯤에 고토 석회를 흙에 적당히 섞어 중화시킨다. 다른 채소는 대개 pH(산도)가 6.0~6.5 정도인 약산성을 좋아하나, 시금치는 pH7~8 정도의 약알칼리성을 좋아하고 5.5 이하가 되면 아예 잎끝이 누렇게 변하면서 생장이 멎고 결국은 말라죽게 된다. 그 후에 퇴비나 화학비료를 위의 중화시킨 흙에 섞어준다.

### 2) 씨 뿌리기

파종 적기는 9월 상순에서 10월 중순 사이이며, 이르게 파종하면 30일 이후에 수확할 수 있지만 늦게 파종하면 수확까지 120일 이상 걸릴 수도 있다. 봄에는 3월에서 5월까지 파종하면 된다.

시금치 종자는 껍질이 두꺼우므로 24시간 물에 담갔다가 뿌리는 것이 좋다. 약간 촘촘하게 심는 것

시금치 씨앗

이 어릴 때의 생육에 좋다. 재배 상자에서는 씨를 뿌린 후에 채를 이용하여 고운 흙을 1㎜ 정도 덮어준다.

밭에 뿌릴 경우에는 3평(10㎡)에 150~180mL 정도의 종자가 소요된다. 줄뿌림의 경우 자리를 파고 씨를 뿌린 후에 흙을 덮어주거나, 전 이랑에 흩뿌리고 갈퀴나 호미로 씨 뿌린 이랑 위를 긁어서 씨를 살짝 덮어준다.

싹이 트는 데 가장 좋은 온도는 15~20℃로 다른 작물에 비해 낮은 편이고 4일 정도 걸리며, 이보다 온도가 높아지면 발아율도 떨어지고 싹트는 데 더 오래 걸리게 된다. 따라서 씨를 뿌리고 나서 물을 충분히 주고 마르지 않도록 신문지를 덮는 등 주의해야 한다.

재배 상자를 이용하여 씨 뿌리기
- 물에 담갔다가 파종
- 복토, 고운 흙을 1mm 정도 덮어 준다.
- 본엽이 1~2장일 때 솎아준다.

### 3) 잘 키우는 요령

발아 후에도 건조하지 않도록 주의해야 한다. 어릴 때에는 오히려 촘촘하게 자라는 것이 발육이 좋고 자람에 따라 솎아준다. 아주 배게 심어진 경우에는 싹이 튼 후 1주일경에(본엽 1~2장 때) 약간 솎아주고 2주일경에 포기 사이를 4~5㎝ 간격으로 솎아준다. 본잎이 6~7장 정도 자랐을 때 너무 밀식되어 있으면 품질이 나빠지므로 크게 자란 것부터 솎음질하여 먹으면 된다. 대개 초장이 20㎝ 정도로 자라면 수확 적기이다.

파종해서 수확까지의 기간은 50~60일 정도 걸리며, 봄에 파종했을 경우에는 40일 정도면 된다.

고온에 약한 대신 저온에는 강한 편이나, 12월까지 재배하려면 방한용으로 비닐을 씌어서 관리하는 것이 좋다.

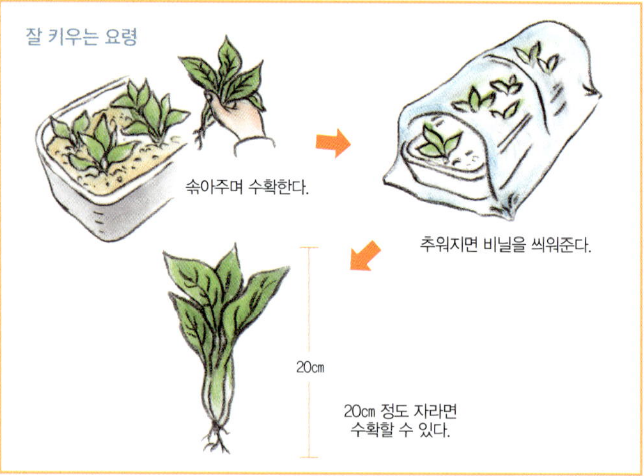

잘 키우는 요령

솎아주며 수확한다.

추워지면 비닐을 씌워준다.

20㎝

20㎝ 정도 자라면 수확할 수 있다.

### 시금치의 영양성분과 효능

시금치는 동서양에서 모두 즐겨 먹는 채소로 영양가가 높은 중요한 채소 중의 하나이다. 따뜻한 지역에서는 사계절에 모두 재배된다. 시금치에는 단백질이 25~30%가 들어 있고, 그 단백질을 이루고 있는 아미노산의 조성은 곡류에 결핍된 라이신, 트립토판이 많이 들어 있고 시스틴(cystine)과 그 밖에 필수 아미노산도 많이 들어 있으므로, 식물성인 채소이면서도 양질의 동물성 단백질과 비슷한 영양을 가진 것이 특색이다. 시금치에는 베타카로틴, 루테인(lutein), 제아크산틴이 있어 시력 감퇴 둔화 등과 노화를 지연시키고, 황반 퇴화와 백내장을 예방하며 폐 기능을 향상시키고 당뇨병성 합병증을 예방해준다.

### 시금치의 어원

시금치의 학명은 *Spinacia oleracea* L.로 라틴어의 가시(spina)와 식용하는 채소(oleracea)가 합쳐진 것이고, 영어의 spinach도 가시(spine)에서 유래된 것이다. 시금치의 가시는 종자에 두 개가 달려있는 것을 말하는데, 서양 도입종 품종 가운데는 가시가 없는 둥근 모양의 종자도 있다. 우리나라 명칭은 스페인어에서 유래되었다고 한다. 우리나라에서는 고추, 배추, 부추와 같이 채소의 이름은 '추'로 끝나야 한다고 상치도 상추로 표준어를 바꿨는데, 시금추가 되지 못한 시금치는 아마 영양분이 다양하고 풍부해서 밭에서 나는 생선으로 여겨졌나 보다.

# 28 양배추

## 1 품종 및 특성

우리나라에서 양배추를 본격적으로 재배하기 시작한 것은 1950년대부터다. 발아에는 15~30℃, 생육에는 15~20℃가 적당하고, 4℃ 이하, 35℃ 이상에서는 생육에 장애가 생긴다. 토양은 가리지 않는 편이나, 유기질이 풍부하고 보수력이 좋은 토양이 좋다. 품종은 크게 일반 양배추와 적색 양배추로 나눌 수 있으며, 품종에 따라 재배 시기가 다르므로 품종 선택 시 유의한다.

적색 양배추

① **일반 양배추** CM, 양춘, 하파2, 월확, 사계확, 대공, 히카리, 볼해트, 청공, 우치1호, 추덕, 조추, YR호월, 추강, 춘히카리, 춘풍2호, 추파중조생, 추파조생.

② **적색 양배추** 루비볼, 중생 루비볼, 레드에카.

## 2 잘 가꾸는 방법

### 1) 밭 만들기

토양을 많이 가리지는 않지만 유기질이 풍부하고 보수력이 좋은 흙이 좋다. 이랑을 만들기 전에 퇴비와 밑거름 비료를 넣는다. 이랑은 재배 형태에 따라서 두둑과 고랑 폭을 결정해 만들고, 아주심기 전에 모종 심을 구덩이를 파고 미리 물을 흠뻑 주면 초기 생육이 좋아진다.

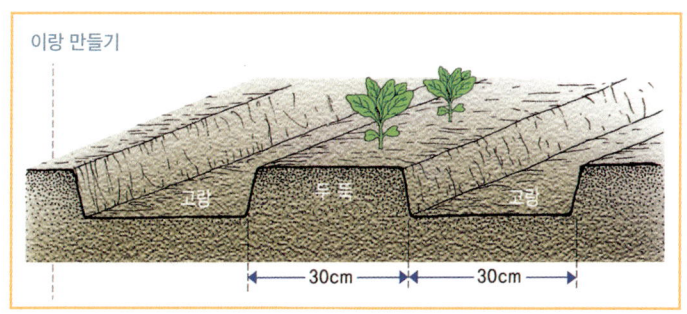

### 2) 아주심기

씨를 뿌린 후 35~40일, 본잎이 4~5장 되었을 때 뿌리가 끊어지지 않고 깊게 들어가도록 심는다. 활착 때까지 물을 주어 뿌리가 땅 속 깊게 뻗도록 관리한다. 모종을 구입해 심을 때는 뿌리가 잘 발달해 잔뿌리가 많고 밀생되어 있는 것, 노화되지 않고 병해충 피해가 없는 것으로 선택한다.

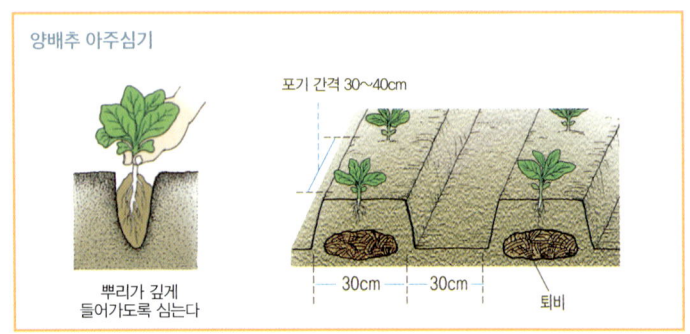

### 3) 거름주기

만생종은 밑거름과 웃거름 비율을 1:1로 하고, 조생종은 2/3:1/3로 한다. 아주심기 하고 1개월 후에 1차 웃거름을 주는데, 속효성 비료를 약간 주면서 흙을 돋아준다. 결구기 때는 비료의 흡수가 왕성하므로 한 번 더 웃거름을 준다.

양배추의 결구 상태 및 추대

좋음 / 꽃대가 올라옴 / 결구하지 않음

### 4) 재배 포인트

결구가 시작된 다음에는 바깥쪽 잎이 부러지기 쉽고 뿌리가 끊어져 생육이 나빠지므로, 제초 작업은 결구 전에 한다. 결구기 때는 수분에 민감하므로 지속적으로 관수하도록 한다.

### 5) 수확

손으로 포기를 눌렀을 때 단단한 것을 수확한다. 봄 재배는 약 1~1.5kg, 가을 재배는 약 0.8~1kg 정도 크기를 수확한다. 포기를 옆으로 약간 밀고 뿌리를 자른다.

## 3 주의 사항

① **뿌리썩음병** 생육 초기에는 잘록 증상으로 나타나며, 생육 중기 이후부터는 뿌리가 썩는 증상으로 나타난다. 배수를 철저히 하고, 돌려짓기해 방제한다.

② 무름병 땅에 닿는 부분 등에 수침상의 반점이 생기다가 포기 전체로 번져 썩고 심한 악취가 난다. 토양 살충제를 살포하고 배수를 철저히 하며, 질소질 비료를 줄여 방제한다.

③ 배추흰나비 배추흰나비 등록 약제를 살포한다.

④ 진딧물 새잎과 새 줄기에 많이 붙어 해를 끼치는데, 진딧물 약제로 방제 가능하다.

## 29 쪽파

### 1 품종 및 특성

우리나라에서는 예로부터 쪽파를 배추, 무 등과 함께 중요한 김장 채소로 이용했기 때문에 가정마다 재배했었다. 하지만 최근에는 쪽파 재배가 집단산지로 발달해 가정에서의 재배는 그만큼 줄고 대부분 지방 재래종을 이용한다. 생육에 적당한 온도는 15~20℃이고, 사질 양토를 좋아하며, 유기질이 풍부한 토양에서 잘 자란다. 영양번식을 하므로 유전적 변이가 적으며 다른 작물처럼 품종이 다양하게 분화되어 있지 않다. 우리나라 쪽파는 대부분 중국 품종으로 추대와 개화를 안 하는 것이 정상이다. 수확 시기에 따라 조생종, 중생종, 만생종으로 분리되며 지방에 따라서 품종에 다소 차이가 있다.

쪽파는 일반 파와는 달리 종자가 생기지 않기 때문에 마늘과 같이 쪽으로 심어야 하는 비늘줄기 채소이다.

## 2 잘 가꾸는 방법

### 1) 밭 만들기

이랑을 만들기 전에 퇴비와 밑거름 비료를 넣는다. 물 빠짐이 좋은 땅은 이랑을 약간 넓게 만들고 물 빠짐이 안 좋은 땅은 이랑을 좁게 하여 재배한다. 두둑에 비닐을 씌우면 땅의 온도가 높아져서 생육이 빠르고 잡초 제거와 관수 노력을 절감할 수 있다.

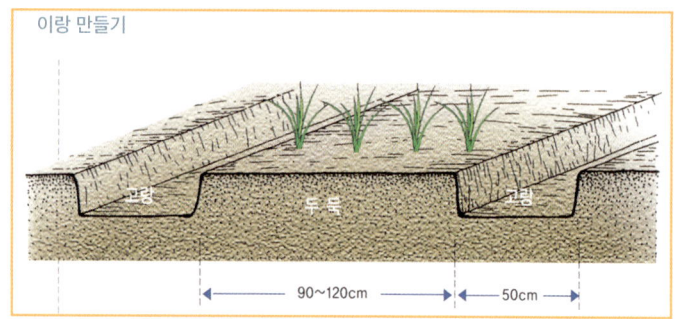

### 2) 씨뿌리기

저장한 종구는 뿌리와 줄기를 절단하고 반나절 정도 햇볕을 쬐여 외피를 제거한다. 그중 단단하고 윤기가 나는 것을 골라 인경을 2~3구씩 쪼개어 심는 것이 뿌리내림이 빠르다. 종구의 크기는 5g 이상의 대구가 소구에 비해 수량이 많다. 종구는 10㎡당 1.8~2.4kg 정도 소요된다. 외피에서 광택이 나는 것, 종구가 단단하고 충실한 것, 병해충의 흔적이 없는 것을 고른다. 포기 거리는 15×15㎝를 기준으로 조절해 1㎡당 40포기 전후로 심는 것이 좋다. 5~10㎝ 정도의 골을 파 씨쪽파를 심고 그 위로 2.5㎝ 정도 흙을 덮어준다. 이때 씨쪽파가 넘어지지 않도록 주의한다.

쪽파 종구

### 3) 거름주기

쪽파는 거름을 많이 필요로 하는 다비성 채소이다. 양념 채소라는 측면에서 볼 때 향기가 좋고 잎이 부드러워야 하므로 질소질과 인산질 비료를 알맞게 주어야 한다. 재배 기간 중에는 비료분이 꾸준히 유지되어야 하는데, 만약 부족하면 잎이 굳어 상품 가치가 떨어진다. 토양 조건이나 수확 시기에 따라 거름 양이 달라진다.

### 4) 재배 포인트

파종 후 잎이 3~4매 정도 나면 웃거름을 주고 잡초를 뽑아준 다음 쓰러지지 않도록 흙을 약간 덮어준다. 가을에 수확하려면 북주기를 충분히 해 흰 부분이 많게 가꾸고, 월동한 후에 수확하려면 북주기를 얕게 해 줄기가 단단하게 자라도록 관리한다. 건조하면 생육이 부진해 품질이 떨어지며, 과습하면 병해충 발생이 심하므로 수분 조절을 잘해야 한다. 월동할 경우에는 배수구를 정리해 습해를 받지 않도록 관리하고 서릿발의 피해도 줄이도록 해야 한다.

쪽파꽃

## 5) 수확

새끼치기가 시작되고 잎이 무성해지기 시작하면 수확할 수 있다. 수확은 포기가 크고 초장이 긴 것부터 3~4회에 나누어서 수확하면 된다. 밀식되면 포기가 비대해지지 못하고, 수확 시기가 늦어지면 초장이 계속 자라 비나 바람에 쓰러질 수 있으므로 일찍 솎으면서 수확한다. 종구용은 수확기가 지난 후 맑은 날을 택해 땅과 종구가 마르기 전에 수확한 후 그늘진 곳에 매달아 강제적으로 휴면시키는 것이 좋다.

## 3 주의 사항

① 버짐병 3월 하순~4월 상순부터 발생하기 시작해 4월 중순경 가장 심해진다. 잎의 표면에 긴 타원형 또는 방추형의 황백색 병반이 생기는데 나중에 흰곰팡이가 생기면서 말라 죽는다. 저장 시 큰 피해를 나타내는 병으로 상처를 통해 식물에 침입한다. 이어짓기를 피하고 배수가 잘되도록 관리하고 발생 초기에 타코닐이나 다이센엠45 수화제 등 살균제를 살포한다.

② 고자리파리 1년에 4회 정도 발생하며, 알에서 깨어난 애벌레가 땅 속에 내려가 뿌리에 해를 끼친다. 쪽파는 고자리파리의 피해가 심하므로 심기 전 밭을 갈아줄 때 토양 살충제를 살포하고 산란기인 4월에 살충제를 한 번 더 준다.

③ 총채벌레 쪽파의 줄기에 기생하면서 즙액을 빨아먹는 작은 해충이다. 고온 건조할 때 번식이 왕성하며 심하면 잎 전체가 회백색으로 변해 상품 가치를 상실한다. 건조하면 물을 주고 살충제를 살포한다.

## 30 부추

### 1 품종 및 특성

　부추는 백합과에 속하는 여러해살이 식물로 지방에 따라 정구지, 솔 등으로 부르며, 중국 동북부 원산으로 오래전부터 약용 및 식용으로 이용되어 왔다. 생육에 적당한 온도는 20℃이나 저온과 고온에 모두 강한 편이며, 너무 강한 광선 하에서는 품질이 떨어지게 된다.

### 2 잘 가꾸는 방법

　부추는 다른 잎채소와는 달리 물을 그다지 좋아하지 않는다. 햇빛이 잘 드는 곳, 건조한 흙만 있다면 쉽게

부추 씨앗

키울 수 있다. 모종을 사서 이랑을 깊게 판 후 아주심기를 한다.

부추는 솎는 작업을 하는 대신 지나치게 무성해지지 않도록 포기나누기 작업을 해준다. 부추 잎이 20㎝가량 자라면 밑동에서부터 잘라 먹는다. 다년생이기 때문에 한 번 심으면 3~4년 동안은 수확할 수 있다. 봄, 가을에는 20일 정도면 다시 자라 다음 번 수확이 가능하다.

그린벨트 부추(위)와 솔부추(아래) 비교

## 31
# 쑥갓

## 1 품종 및 특성

 국화과에 속하며 쑥과 비슷하게 생겼다고 이름이 붙여졌으며, 초장 60㎝ 전후에 잎은 두껍고 잎의 가장자리가 깊이 패어 들어간 결각이 많다. 곁가지 발생과 마디 신장이 왕성하고 약간 옆으로 자라는 특성이 있다.

 생육 적온은 15~20℃로 온대성 기후를 좋아하지만, 더위에 견디는 성질도 상당히 강하여 아열대지방에서도 중요한 채소로 알려져 있다. 추위에 견디는 성질도 비교적 강한 편이어서 10℃까지는 생육이 가능하다.

## 2 잘 가꾸는 방법

### 1) 씨 뿌리기

봄과 가을에 가꾸는 것이 일반적이나 연중 가능하다. 30㎝ 간격으로 줄뿌림하거나, 흩어 뿌리면 되며 종자 15mL면 3평(10㎡)의 면적에 뿌릴 수 있다. 발아에 적당한 온도는 15~30℃이다.

**중엽 쑥갓 종자**
시판 종자의 표면 색깔이 분홍색이나 주황색 등으로 채색되어 있는 것은 살균제로 소독한 후 물감을 들인 것이다.

### 2) 잘 키우는 요령

비료를 흡수하는 힘이 강한 작물이므로 밑거름을 주로 하는 것이 좋다. 건조에 견디는 힘은 약하므로 퇴비를 많이 주어 보수력을 높이는 것이 유리하다.

### 3) 수확

파종 후 30일 정도면 초장이 17~20㎝ 정도 되어 수확하기에 좋다.

쌈채 쑥갓

중엽 쑥갓

## 32 쌈추

### 1 품종 및 특성

최근에 개발된 배추과의 쌈채소로 상추와 달리 배추와 양배추의 종간 교잡종이기 때문에 배추의 쌉쌀하고 약간 매운맛과 양배추의 고소하고 단맛이 어우러져서 기존의 쌈채소에서는 맛볼 수 없는 독특한 맛을 내며, 비타민 C의 함량이 배추나 상추와는 비교할 수 없을 정도로 많다. 또한 칼슘과 철분의 함량이 상대적으로 높으며 당질이 많고 부드러워 먹기 쉽다. 그리고 국거리, 겉절이, 샐러드용으로도 이용할 수 있다.

## 2 잘 가꾸는 방법

키우는 법은 상추와 비슷하여 어렵지 않고 특히 약광에서도 잘 자라서 실내에서 키울 때 품질이 더 좋다. 단지 여름에 재배가 까다롭고 나방류 애벌레의 갉아먹는 피해가 심하다.

파종 후 대략 1개월째부터 잎 수확이 가능하다. 어른 손바닥 크기의 잎을 상추 같이 하나씩 따낸다.

쌈추는 섬유소의 함유량이 높고 비타민이 많아 항암과 항산화 효과가 있다. 또한 위궤양, 변비, 빈혈 등의 치료에 효과가 있다.